101 maneiras de Cultivar O Amor em Sua Vida

Dados Internacionais de Catalogação na Publicação (CIP)
(Câmara Brasileira do Livro, SP, Brasil)

Kingma, Daphne Rose
101 maneiras de cultivar o amor em sua vida / Daphne Rose Kingma ; tradução de Daniela Barbosa Henriques. – Petrópolis, RJ : Vozes, 2008.
Título original: 101 ways to have true love in your life.
ISBN 978-85-326-3742-0
1. Amor 2. Auto-estima 3. Conduta de vida 4. Felicidade 5. Realização pessoal I. Título.

08-08214 CDD-158

Índices para catálogo sistemático:
1. Amor e felicidade : Psicologia aplicada 158
2. Felicidade e amor : Psicologia aplicada 158

DAPHNE ROSE KINGMA

101 maneiras de Cultivar O Amor em Sua Vida

Tradução de Daniela Barbosa Henriques

EDITORA VOZES
Petrópolis

Publicada por intermédio de Red Wheel/Weiser & Conari Press, Newburyport, MA 01950-4600, USA

Título original inglês: *101 Ways to Have True Love in Your Life*

Direitos de publicação em língua portuguesa:
2008, Editora Vozes Ltda.
Rua Frei Luís, 100
25689-900 Petrópolis, RJ
Internet: http://www.vozes.com.br
Brasil

Editoração: Sheila Ferreira Neiva
Projeto gráfico: AG.SR Desenv. Gráfico
Capa: Omar Santos

ISBN 978-85-326-3742-0 (edição brasileira)
ISBN 1-57324-256-X (edição americana)

Este livro foi composto e impresso pela Editora Vozes Ltda.

SUMÁRIO

Introdução

A dádiva e a prática do amor verdadeiro

O amor é a única coisa que, invariavelmente, as pessoas mais desejam na vida. Muita gente quer mais dinheiro; muitos querem mais tempo, mais paz, mais amigos, mais diversão, férias mais longas, mais saúde ou uma promoção no trabalho; mas praticamente todos desejam um amor verdadeiro.

Nem sequer sabemos exatamente o que é o amor. Falamos sobre amor, desejamos o amor, ficamos tristes quando ele se vai e fazemos praticamente qualquer coisa para tentar recuperá-lo; mas não importa nossa postura particular a respeito em determinado momento, em algum lugar de nosso coração sabemos que o amor é a coisa mais importante em nossa vida.

Amor é energia. A energia que é a nossa essência, uma energia tão gloriosa que, ao entrarmos em contato com ela, nossos sentimentos e nossa vida são transformados instantaneamente. Amamos amar e estar apaixonados; e a nossa busca pelo amor verdadeiro é uma das principais ocupações em nossa vida. Somos dominados pela beleza de um novo romance, o consolo do amor constante, a alegria leal da profunda amizade. Estamos sempre em busca do amor porque essa busca é a alma conquistando aquele estado sublime em que o nosso isolamento é dissolvido e experimentamos uma profunda e feliz sensação de vínculo. É precisamente por isso que grande parte de nossa vida é consumida por esse compromisso. Sabemos que o amor é o melhor que podemos experimentar, o mais alto nível onde podemos estar.

O que desencoraja a nossa busca é às vezes ter a sensação de que o amor é o caminho dos anjos e não de meros mortais em constante luta, cuja infância e experiências diárias são tão infinitamente mundanas que fazem o amor parecer elusivo de maneira permanente. De fato, é precisamente na área do amor e relacionamentos que a maioria de nós recebeu poucas orientações. Ao contrário, presume-se que todos saibamos como amar, como sermos amados e como manter o amor vivo. Assim, não temos consciência das coisas simples que podemos fazer para nutrir o coração e a alma de nossos relacionamentos. A grande notícia é que, não importam as circunstâncias, é possível aprender a sentir e dar amor, ser amado e amoroso e trazer a experiência do amor verdadeiro para a sua vida. À medida que isso ocorrer, a sua crescente experiência com o amor transformará a sua vida e trará cada vez mais a consciência da sua existência como dádiva assombrosamente bela.

Conquistar o verdadeiro amor, especialmente representado por alguém em particular para amar de maneira profunda e duradoura, é uma questão de prática. Ainda que você não tenha muito talento, é possível aprender a amar. Assim como a força muscular ou a habilidade de cantar, a sua capacidade de amar e atrair o amor pode ser desenvolvida. Primeiro é preciso conhecer as atitudes e comportamentos que podem trazer o amor. Segundo, com a execução repetida desses comportamentos, você verá mais e mais amor emergindo em sua vida. Pela combinação de aprendizagem e prática, você poderá atrair mais amor para a sua vida.

Este livro é um guia, uma amostra de 101 coisas que você pode fazer para atrair e manter o verdadeiro amor em sua vida. As informações expandirão as suas intenções; mas é o seu compromisso – a sua prática – que avivará o amor verdadeiro. Estude e depois pratique essas maneiras simples; e eu prometo que será mais feliz. O amor começará a comandar e seguir você; e você sentirá a incrível beleza e preciosidade de sua vida e da dádiva do amor que repousa como uma jóia preciosa em seus relacionamentos.

Desejo a você o amor verdadeiro.

1

AMANDO-SE

Ame-se

Amar-se é vital. Se não souber se amar, não saberá como tratar os outros bem, podendo ter problemas com o que chamamos de fronteiras. Em vez de claridade, vagará pelo pântano da baixa auto-estima e emaranhados de autodepreciação que desviarão seus esforços para "amar aos outros como a si mesmo".

Para se amar, primeiro é preciso entender que amar a si mesmo não é narcisismo, tampouco egoísmo, falso moralismo, auto-envolvimento excessivo, teimosia, presunção ou ganância, que mancham a reputação do amor-próprio. Ao contrário, é o fundamento interno sólido que permite assumir o seu mais autêntico eu.

Aprender a se amar é um processo. Quando você realmente aprender a se amar, não precisará mais trabalhar isso o tempo todo. Ao lembrar-se continuamente do quanto você é importante, do quanto é essencial amar-se, você conseguirá chegar ao ponto em que a autocompaixão vem quase automaticamente. A partir da prática consistente de uma atenção suave e incondicional consigo mesmo, você conseguirá tratar os outros com grande generosidade e um coração magnânimo e aberto.

No momento certo, você verá que o amor-próprio também é uma questão espiritual. Não é apenas aprender a se tratar melhor, mas também a ver-se e sentir-se como um dos fios do vasto manto humano, profunda e incondicionalmente acolhido por um universo cuidadoso e belamente ordenado. É no momento em que acolhe esse vínculo que você se torna capaz de amar verdadeiramente. Este real e tênue sentido de si mesmo como parte preciosa do universo realmente é a fonte vital que permite amar as pessoas. Comece esta bela e intensa jornada que leva a si mesmo dando um único passo de carinho por você hoje. Para você, que passo seria? Anote em um papel. Cole no espelho do seu banheiro e pratique!

Valorize a sua singularidade

Ao nascer, nossa alma sai da eternidade e entra no momento finito da vida como seres humanos. Nesse momento, e no notável contexto da vida na Terra, tornamo-nos agentes e receptores dos dons da personalidade. Adquirimos o espectro vasto, divertido, único e frustrante de atributos e atitudes, predileções e possibilidades que compõem as sinfonias de nossa vida individual. No que se refere à personalidade, nenhum ser humano é exatamente igual; e, não importa o quanto você compartilhe, seja influenciado ou ligado ao outro, só você pode ser você mesmo.

É um prazer e privilégio ser você mesmo. De fato, nascer já é lisonjeiro. Ter a chance de sentir, ver e viver a sua vida precisamente da sua maneira é uma oportunidade legítima e única.

É fácil esquecer isso. Às vezes nos sentimos desamparados, tolhidos e solitários, não gostamos do que somos, descontentes de estarmos vivos, menosprezamos nosso eu precioso. Mas ser você mesmo, demonstrar a sua singularidade é precisamente a beleza de estar vivo; ao ignorar ou esquecer de celebrar a sua singularidade, você efetivamente insulta a consciência que o criou.

E se você, que vive, respira, sofre e faz tudo o que é seu de forma única, for incapaz de valorizar tudo o que é, quem será? Quem poderá? Valorizar a si mesmo é tarefa sua. Ninguém mais pode fazê-lo. Ninguém mais tem conhecimento nem experiência. E ninguém mais deve fazê-lo, pois valorizar a si mesmo é a sua tarefa mais importante. É a base do reconhecimento amoroso de onde o seu talento para valorizar os outros surgirá inevitavelmente. Valorizar-se é conhecer-se de forma verdadeiramente valorosa. Nenhum outro amor que você tenha, compartilhe ou dê atingirá a sua plena dimensão até e a menos que você tenha aprendido primeiro a se valorizar.

Pratique o amor a si mesmo

Se tiver problemas para se amar, imagine que todo mundo é uma alma faminta cuja vida é imperfeita. Como você, tragédias e dificuldades abateram-se sobre todos. Se pudesse ouvir a história de cada um, você provavelmente choraria e desejaria abraçar cada pessoa. Você desejaria dizer que, apesar de tudo o que passaram, eles têm muito valor.

Você também poderia desejar agradecer por ter a coragem de estar no lugar onde se encontram agora, expressando a sua admiração por sua bondade, beleza e singularidade. Desejaria dizer a eles que, de fato, certamente aos olhos de Deus e também aos seus olhos não há dúvida de que eles merecem ser amados.

Imagine que todas essas belas almas estão à sua frente, esperando a sua bênção. Ao olhar para o seu coração e indagar se pode dar a bênção sem censura, o seu coração transborda de generosidade, risos e amor. Você não consegue imaginar nada mais fácil ou mais natural do que amar cada pessoa exatamente pelo que é.

Agora dê um passo em direção ao amor-próprio imaginando-se na primeira fila de todas essas almas que pedem a sua bênção, aguardando a sua aprovação, e veja se consegue acolher-se com a plácida e cara convicção de saber que está bem – que você é perfeito – da maneira que é. Ao fazer isso, começará a sentir profundamente em seu próprio coração a plácida e fortificante dádiva de seu próprio amor inteligente. Amar a si mesmo significa que, ao desejar correr em busca da ajuda de outra pessoa, correrá em busca da sua própria ajuda; você virá em seu próprio socorro. Reconhecerá seus talentos, lembrará seu próprio valor e saberá o tempo todo que merece viver. Vamos lá, dê o primeiro passo em direção ao amor-próprio!

Desafie a autocrítica

Autocrítica é falar mal de si e, em geral, avaliar-se de forma negativa. É agredir-se verbalmente por mero hábito e indulgência, só porque é usual implicar consigo mesmo e desprezar-se. Com a autocrítica, você olha para si mesmo e de alguma forma não se aceita, não merecendo o seu próprio amor.

Você diz uma destas coisas terríveis a si mesmo? Meu nariz é muito grande, muito pequeno, muito curvo, muito pontudo. Meus olhos são muito escuros, muito claros, muito juntos, muito separados. Sou muito gordo. Sou muito magro. Sou muito feio. Por que vesti esta blusa elegante – chique demais? Por que vesti este suéter velho – surrado demais? Sou muito sem graça. Devia ter me esforçado mais. Não devia ter me preocupado. Não devia ter dito aquilo. Devia ter dito outra coisa. Devia ter sido mais agradável. Mais agressivo. Menos duro. Gastei muito dinheiro com aquele quarto de hotel, casa, carro. Não investi dinheiro suficiente naquele quarto de pousada, sítio, bicicleta. Devia ter chamado aquela linda garota para sair. Fui uma tola ao amá-lo em primeiro lugar. O maior erro da minha vida foi ter casado com ela. Devia ter sido mais paciente com minha mãe. Não devia ter me zangado com meu pai. Devia tê-lo culpado mais. Devia ter-lhe agradecido mais. Devia tê-lo perdoado antes de morrer.

Hoje, caso se flagre em um momento de autocrítica, pare, respire e depois diga algo belo e agradável a si mesmo.

Pare de se culpar

Culpar-se é imaginar (ou melhor, é ter absoluta certeza) que aquilo que deu errado é culpa sua. É escolher culpar-se em vez de culpar as circunstâncias normais da vida ou as pessoas realmente culpadas pelo que não funcionou. Quando a sua falta de amor-próprio manifesta-se como autoculpa, você tende a achar que todos os problemas foram de alguma forma causados por você e por isso você se penitencia.

Isto lembra você? É minha culpa que meus pais brigavam o tempo todo – Eu não fui uma boa filha. É minha culpa meu filho estar doente – Não o afastei daquele menino com o nariz escorrendo. É minha culpa meu marido estar acima do peso – Não preparo pratos saudáveis. É minha culpa a minha esposa estar infeliz – Não ganho o suficiente. É minha culpa o meu time não ter vencido – Não usei meu boné da sorte. É minha culpa ter nevado ontem à noite – Não rezei aos deuses do Sol. Será minha culpa se a casa pegar fogo – Não verifico as instalações elétricas semanalmente. É minha culpa a crise econômica – Não administrei bem meu dinheiro. É culpa minha a deterioração da camada de ozônio – eu não uso o *spray* de cabelo certo.

Você poderá continuar a se culpar sempre, mas por que não parar por um momento e lembrar-se com consciência de uma das suas verdadeiras conquistas – grandes ou pequenas – e depois anotá-la? Isso ajudará você a andar um ou centenas de metros em direção ao amor-próprio.

Entenda por que você tem problemas para se amar

Bem no fundo, os sentimentos de desprezo que você tem estão ligados ao seu senso de sobrevivência. Isso porque, quando criança, você era completamente dependente dos seus provedores adultos para sobreviver. Em algum lugar lá dentro, você sabe disso. Então, naturalmente, quando criança você sente que é melhor estar no topo ou o pior pode acontecer. Psicologicamente, funciona assim: se eu for uma criança boa e perfeita, meus pais me amarão. Se eles me amarem, vão cuidar de mim. Se cuidarem de mim, sobreviverei, terei sucesso e serei tudo o que devo ser. Por outro lado, se eu não for bom o bastante, não me amarão, não cuidarão de mim e eu não sobreviverei. Serei tão negligenciado que morrerei.

O medo da morte não é totalmente irracional. Por exemplo, o meu amigo Tom, filho de um alcoólatra, costumava apanhar com qualquer objeto afiado que estivesse ao alcance, então legitimamente sentia que sua vida estava em risco. E minha amiga Jane, que descobriu que a sua mãe tentou abortá-la, sentia com razão que, em algum momento, a sua mãe desejou que morresse.

Seja o perigo óbvio ou meramente implícito, o ponto principal dessas experiências na infância é que, psicologicamente, acreditamos que precisamos ser amáveis para sobreviver. É assim que o sentido do nosso próprio valor passa a se relacionar a um medo inconsciente da morte. Essa é uma das razões pelas quais, na idade adulta, nossos próprios atos de falta de amor-próprio soam profundamente invasivos. Todas as vezes em que não nos amamos, estamos recriando o sentimento de desamor da infância. Isso, por sua vez, nos faz sentir mais uma vez em perigo. Em um nível inconsciente, temos medo de que possamos nos tratar tão mal a ponto de morrer por falta de amor-próprio e, de fato, muitos comportamentos de baixa auto-estima são altamente destrutivos e realmente resultam em morte.

Agora que você entende esse vínculo, passará a ser mais gentil consigo mesmo? Que pequena ou grande coisa você pode fazer hoje para mostrar que se ama? Ir à academia ou fazer uma saudável caminhada? Ouvir uma bela música? Procurar um emprego novo e mais gratificante?

Deixe as suas necessidades serem o seu guia

Ao se permitir ser guiado por suas necessidades, elas transformam-se no caminho que pode guiá-lo a si mesmo – e também ao seu amado. Ao contrário, negar as suas necessidades ou sempre servir aos outros em vez de atender as próprias carências são maneiras que o impedem de descobrir quem você é e de se deixar amar.

Falta de necessidades é uma condição falsa. É a negação da sua humanidade, porque uma das nossas características humanas mais básicas é sermos criaturas carentes. Negar isso – sendo brutalmente auto-suficientes, manipulando os outros para nos servir ou fingindo ter transcendido as carências – é uma forma de hipocrisia. Nenhum ser vivente no planeta – nem mesmo avatares ou santos – transcendeu totalmente as carências. Ser humano é necessitar; e necessitar é ser humano. Precisamos de comida. Precisamos de braços amorosos. Precisamos de ar, luz, sol e um brilhante e belo luar. Precisamos ser ouvidos. Precisamos de empatia, afinidade. Precisamos de um trabalho que seja a verdadeira expressão de nosso espírito. Precisamos de companhia, companheiros pelo caminho. Precisamos de testemunhas: amigos e estranhos que reflitam quem somos. Precisamos de sucesso em alguma coisa. Precisamos de paz.

Nossas necessidades são como mato que nasce entre as rochas de nosso caminho – insistentes, orgânicas, exigentes. São as nossas verdades mais cruas e ousadas, as partículas essenciais do nosso âmago. Mas não costumamos tratá-las assim. Nós as encobrimos, calamos e sobrepujamos; e, quando alguém está pronto para encontrá-las em um relacionamento, nem sabemos o que são.

O oposto de não conhecer as suas necessidades é ter consciência delas – descobrir o que são e depois encontrar palavras para expressá-las. À medida que o seu tamanho, forma e conteúdo revelarem-se gradualmente, você terá um mapa de si mesmo. Você verá quem é, do que realmente precisa e a alegria que sentirá ao satisfazer suas necessidades.

Então, descubra do que precisa; fale a respeito; e esteja aberto para receber. Saber do que precisa e pedir – com clareza, força e de maneira direta – é um ato de força pessoal. Isso permitirá que você seja premiado por ter atendido suas necessidades e permitirá que a pessoa que o ama tenha a alegria de amar você bem.

Use a expressão da sua raiva como forma de se amar

A raiva é uma emoção complicada. Vai desde a ira destrutiva e turbulenta até a expressão firme e serena do fato de que você está contendo a energia emocional da raiva sobre algo que lhe foi feito. Em sua pior expressão, raiva é perder as estribeiras, dar um ataque, bater em alguém, ser um maníaco louco e frenético. Essas expressões da chamada "raiva" representam a emoção da raiva e o poder físico da agressão combinada. São formas imaturas e inadequadas de raiva, despejadas principalmente em benefício de seu agente.

Mas a raiva também é uma emoção bela. É a emoção de zelo e proteção a si mesmo. É a emoção pela qual você transmite aos outros que é um ser humano de valor. É a maneira pela qual você diz aos outros que passaram dos limites, que cruzaram o limite invisível que não deveriam cruzar se quiserem ficar bem com você. É a espada que permite cortar comportamentos que o desonrem, também é a emoção que permite ensinar aos outros como tratar você.

Como sempre existe uma forte energia negativa ligada à raiva, as pessoas geralmente não gostam quando os outros sentem raiva delas. Há certa ameaça embutida na energia da raiva, a sensação de que, ao recebê-la, algum efeito negativo poderia ser atirado em sua direção. É a presença dessa ameaça potencial que faz da raiva uma emoção tão forte e que também serve para vertê-la em benefício do seu bem-estar. Expressar a raiva despende muita energia; e muita força e energia receptivas são despendidas para conseguir receber a raiva expressa.

Amar-se pela expressão da raiva não significa tornar-se um maníaco enfurecido e histérico e colocar tudo para fora. A raiva saudável tem quatro partes: determinar exatamente do que se tem raiva; expressar isso com força e clareza; elaborar, se quiser, sobre o que tem a ver com isso na sua vida como um todo; e pedir o que quer. Com "elaborar" quero dizer explicar por que esse comportamento em especial tem o poder de afetá-lo tão profundamente. Por exemplo, "estou com raiva porque você está atrasado pela terceira vez nesta semana. Parece que você não se importa comigo. Faz-me lembrar de quando eu ficava sentada no meio-fio ao sair da escola esperando meu pai, que costumava me deixar esperando durante horas e até esqueceu de me buscar uma vez".

Elaborar é importante porque dá ao outro a oportunidade de ver você no contexto da sua experiência de vida e não apenas no momento da sua irritação com ele. Dá a ele a chance de saber o que você passou e, ao fazer isso, de gostar mais de você. E dá a você a oportunidade de se amar mais porque, ao ver como a infração do momento faz parte de um longo e enrolado novelo de infrações que feriram o seu espírito por muitos anos, você pode decidir protestar e não se ferir mais uma vez. Você se sentirá melhor porque terá se sustentado, e o outro se sentirá melhor porque terá reconquistado o seu afeto e restaurado a harmonia entre vocês.

Espero que a compreensão de tudo isso o ajude a usar sua raiva para honrar, valorizar e proteger você mesmo.

Tome uma atitude

Tomar atitudes é uma forma muito forte de se amar. Em termos psicológicos, encenações não costumam ser vistas como algo bom.

Em geral, significam que, em vez de se comportar como um ser humano consciente e franco e falar de suas necessidades, sentimentos ou desejos, você "faz cenas", isto é, tem comportamentos desprezíveis, como atirar ovos no pára-brisas de um carro ou bater em alguém em um beco escuro. Segundo essa visão, fazer cenas é um tipo de comportamento emocional imaturo pelo qual você expressa seus sentimentos indiretamente por ações, em vez de simplesmente declará-los. Em termos psicológicos, esse tipo de encenação é um comportamento "passivo-agressivo".

No clichê das transações maritais, por exemplo, a mulher que não deseja fazer sexo e inventa uma dor de cabeça para se esquivar está fazendo uma cena para criar o resultado que deseja. Ao invés de dizer ao marido que não está interessada, finge uma dor de cabeça e consegue o que quer. O uso de uma atitude – nesse caso, estar doente – para comunicar algo que ela não tem coragem de comunicar com palavras é o que constitui o comportamento passivo-agressivo. Chama-se passivo porque não é direto e agressivo porque na verdade constitui um tipo de violação emocional da pessoa contra quem se dirige. Ao contrário de fazer uma cena no sentido positivo, é um assalto emocional sutil.

Mas agora sugiro que você encene de forma a se amar. Nesse caso, ao invés de "encenar" no sentido psicológico negativo, sugiro que tome atitudes em seu próprio benefício, que aja, ao contrário de contemplar, ponderar, analisar ou confabular consigo mesmo ou com amigos sobre o que precisa, quer, deseja e merece. Sugiro que pare de pensar sobre o que pode fazer e o faça de fato. Que deixe de falar a respeito – "Não gosto do meu penteado" – e faça algo a respeito – experimentando um novo corte ou pintando o cabelo de violeta. A diferença entre as atitudes e o que costumamos pensar sobre "encenar" é que as atitudes são conscientes e positivas e você as toma em benefício próprio.

Estou usando o termo "encenação" porque não estou apenas dizendo para você agir – tomar uma atitude. Estou encorajando você a encenar. É o *encenar* que importa. Ao agir, você simplesmente realiza uma ação, extrai uma noção da mente e faz algo a respeito. Mas quando você encena, age fora do padrão que rege o seu comportamento. Em outras palavras, você faz algo diferente, que nunca fez antes, que nunca imaginou fazer.

Entenda por que é difícil tomar atitudes

Às vezes é difícil tomar as atitudes necessárias em benefício próprio. Isso acontece porque, quando éramos crianças, nossas ações costumavam ser suprimidas. Em virtude dos próprios medos ou de um sentido natural de proteção, os seus pais podem ter reprimido sua energia, criatividade, paixão (sexual ou não), iniciativa e força. "Não faça isso, vai bagunçar tudo. Não tente aquilo, vai se machucar. Não faça isso, o que os vizinhos vão pensar? Não vista essa roupa, todo mundo vai achar estranho."

Na verdade, podem ter dito a você que algumas das suas atitudes eram inaceitáveis. Como conseqüência, ao invés de desenvolver coragem e originalidade em seu comportamento, suas atitudes podem ter se tornado repetitivas e sem originalidade. Para obter aprovação, receber o amor que julgava imprescindível para sobreviver, você pode ter aprendido a traçar um mundo de atitudes muito limitado.

Ao contrário de ser um aventureiro expansivo sempre em busca das expressões que pudessem definir quem você é (e no momento certo se tornar o veículo que permite a você se doar ao mundo), você se limita às ações que sabidamente conquistam a aceitação dos outros.

Então, ao invés de calçar aqueles sapatos de salto alto amarelo-esverdeados e cantar no seu quarto, você aprendeu a vestir roupas mais discretas e se calar. Ou, ao invés de virar atriz, você virou secretária. Em vez de ir à Índia, você foi ao *shopping*. Em vez de ser um amante apaixonado, você ficou em um casamento sem paixão por vinte e cinco anos. De uma forma ou de outra, por causa do conteúdo do seu tema de vida, você aprendeu a ser cauteloso, contrair e limitar a sua totalidade, vivendo de maneira medíocre, "seguindo as regras".

Considerando tudo isso, é difícil tomar atitudes e, às vezes, ao contrário de serem inspiradas pela expansividade ou por um sonho, as atitudes que mudam nossa vida são inspiradas pela repressão que nos cerca. Isso é verdade quando fazemos algo que nossos pais nunca pensariam ou quando nossas atitudes subvertem a ordem porque nossos pais fizeram do mundo um lugar tão inseguro e caótico que, em reação, construímos o nosso mundo de forma estruturada e calma.

Stephanie, cuja mãe *socialite* mantinha vários casos amorosos na presença dela e embaixo do nariz do pai, fez a sua encenação não casando com o advogado corporativo dos sonhos de sua mãe, mas sim com um carpinteiro fiel e simpático que a sua mãe nunca aprovaria. Quando os pais insistiram para Hank tornar-se um ministro, ele virou roqueiro. Quando a sua mãe disse que era melhor se aquietar e ficar em sua cidade natal, Sharon, a estrela do departamento de teatro da escola, voou para Nova York. De um jeito ou de outro, o ambiente que nossos pais criam ao nosso redor define a natureza das nossas ações. Temos medo de agir, reagimos ou agimos de maneira diferente como resultado do papel que tal ação desempenhou em nosso relacionamento com eles.

Quando estava na faculdade, tomava o ônibus todos os dias e levava uma hora a caminho do meu trabalho no hospital. Dia após dia eu via a mesma senhora no meu ônibus. Com o passar do tempo, surgiu a oportunidade de conversarmos. Um dia, estávamos sentadas juntas e uma pessoa à nossa frente lia a revista *Life*, cuja capa tinha a fotografia de vários alpinistas famosos. A mulher reparou na foto e comentou que a lembrava do seu filho. "Quando era adolescente, ele adorava escalar montanhas", ela falou. Depois continuou relatando muitas outras coisas inusitadas que ele fazia quando era criança e jovem. Eu respondi que, com todas aquelas experiências, ele deveria ter uma vida muito interessante. Quando eu disse isso, ela parou por um momento e seu rosto se endureceu. Então, ela disse que seu filho havia morrido em um acidente ao escalar uma montanha. Eu disse que lamentava. Ao se voltar para me agradecer, ela falou: "Bem, era o jeito dele, não me surpreendi. Morreu sendo ele mesmo". Então, ela me disse que sempre teve paz em relação à morte dele porque ele havia morrido fazendo o que amava.

Apesar da perda, essa mãe teve um coração grande o suficiente para entender que escalar montanhas era a natureza do seu filho. Ela não o reprimiu; teve inclusive grandeza de espírito para reconhecer que, mesmo na sua morte, ele estava sendo exatamente o que queria. Ela foi o tipo extraordinário de mãe que apoiou a "encenação" do filho. Como você pode ser essa "mãe" para si mesmo?

Descarte o que não servir

Descartar significa remover e abrir espaço. Em termos de amor-próprio, descartar é abrir um espaço de claridade para você. Essa é outra forma muito importante de se amar. Ao descartar, você cria uma clareira para você – em sua psique, seu ambiente, seu cérebro, sua casa, sua lista de relacionamentos, seu armário, na mesa da sua cozinha, na confusão da sua mente consciente ou nas salas escuras do seu inconsciente onde você tem uma opinião ruim a seu respeito. O termo "clareira" já é uma palavra bonita. Ao imaginar uma clareira na natureza, você pensa em uma clareira na floresta, um belo espaço onde a luz do sol pode incidir, onde coisas novas podem crescer.

Se já tiver ido à Alemanha, você deve ter notado que entre as suaves e sinuosas montanhas há florestas densas de árvores altas e negras. De vez em quando também dá para ver uma clareira nessas florestas, uma extensão aberta de terra onde as árvores foram cortadas uma a uma para que um vilarejo pudesse crescer ou uma bela horta fosse cultivada. Quando eu vejo esses espaços no meio das florestas, sempre contemplo a magnitude da energia, as várias horas de pura força de trabalho, o número de serrotes, machados, cavalos e carroças necessários para trazer paz e abrir espaço no meio dessas florestas densas, o trabalho de amor empregado em uma clareira.

Se realmente quiser se amar, será bom e necessário abrir uma clareira na escuridão da sua incapacidade de se amar. Como a bela abertura nas florestas onde eu viajei, não é fácil fazer uma clareira. Requer energia, firmeza e força. Você precisará de coragem e determinação. Descartar o que não presta da sua vida requer dedicação não apenas à tarefa – ao trabalho de descarte – mas também e, acima de tudo, a si mesmo.

Nutra o seu autoconceito

Todos nós temos uma idéia básica sobre quem somos, o que é bom e ruim em nós, nossos fracassos e nossos possíveis sucessos. Os psicólogos chamam essa noção – e todos nós temos uma – de autoconceito. Em alguém que se ame, essa noção de quem se é corresponde a quem ele realmente é e como os outros o vêem. Naqueles com dificuldades para se amar, por outro lado, essa imagem é bastante distorcida por causa de hábitos mentais pobres.

Aqueles com dificuldades para se amar têm um "autoconceito pobre", isto é, têm uma ou várias opiniões sobre si mesmos que são imprecisas em uma direção negativa e que, apesar do seu desejo de se sentir melhor, inconscientemente se perpetuam. Embora sabendo que gostaria de se amar mais, você pode dizer a si mesmo, várias vezes ao dia, de muitas formas, que não é bom o suficiente. As maneiras pelas quais você comunica isso podem ser verbais ou afirmações internas que você faz sobre si mesmo. Ou o seu pobre autoconceito pode ser demonstrado com comportamentos autodepreciativos, como comer em demasia, vícios, assistir à televisão em excesso ou navegação excessiva pela internet. Com um autoconceito incorreto, a pessoa dirá coisas como: "Não faço nada certo, sou um caso perdido, estou gordo" (quando na verdade tem um peso bom para a sua altura) ou "Ninguém nunca se apaixonará por mim", quando, na verdade, já teve vários relacionamentos bem-sucedidos.

A boa notícia sobre o seu autoconceito é que, ainda que seja ruim, você pode mudá-lo. Como foi desenvolvido com o passar do tempo, também pode ser revisto com o passar do tempo. De fato, é possível construir, propositadamente, um autoconceito mais saudável eliminando as mensagens antigas e criando novas.

Você pode começar o processo desenvolvendo a consciência. Inicie observando quanta negatividade existe na forma como você atualmente pensa sobre si mesmo. Faça uma lista do que diz ou marque em um papel todas as vezes em que disser algo negativo a seu respeito. Depois, no fim do dia, rasgue. De agora em diante, em vez de apreciar esses comentários críticos, simplesmente comece dizendo a si mesmo que não os ouvirá mais. Pode parecer estranho pensar que apenas dizer a si mesmo para não fazer algo funcionará, mas vai. Da mesma forma que você ouviu todas as coisas negativas que disse a seu respeito – e respondeu construindo um autoconceito negativo –, agora você pode começar a desligar essas vozes e encorajar o surgimento de uma visão mais auto-afirmativa de si mesmo. Quando todo esse autodiálogo tiver sido eliminado, a realidade terá a chance de se mostrar.

Você pode acelerar o desenvolvimento do seu autoconceito positivo criando o que eu chamo de "Livro do autoconceito". É assim que você faz: compre um livrinho que o atraia e, a partir de agora, todas as vezes em que alguém disser algo lisonjeiro a seu respeito, anote em seu livro. Por exemplo, se, em uma conversa rápida, alguém disser que você é um ouvinte maravilhoso, que é engraçado ou que tem um sorriso lindo, anote. Pode parecer chato, mas, quanto mais fizer isso, mais a visão que tem de si mesmo mudará. Ao invés de estar entulhado de mensagens antigas sobre a sua inadequação, seu espaço interior começará a se encher da consciência positiva de quem é. Você começará a ver seu próprio valor.

À medida que você continuar a anotar essas coisas, também perceberá que todos os que o observam tenderão a ter uma resposta consistente a quem você é. Inúmeras pessoas mencionarão o seu belo sorriso, várias pessoas perceberão o quanto você é engraçado, a maioria das pessoas que você conhece mencionará o seu brilhante intelecto ou o seu bom gosto com roupas. Em vez de se sentir a pessoa surrada, esfarrapada e inadequada que costumava pensar ser, você perceberá que há coisas lindas, divertidas, preciosas e extraordinárias em si mesmo. Um novo retrato seu será revelado e esse será o seu autoconceito. Você está preparado para amassar o papel com comentários negativos? Saia e compre um lindo livro de autoconceito hoje.

Descubra seus dons

Uma conseqüência triste de não se amar é não ver a beleza e singularidade de quem se é. Você não consegue ver os seus dons; você não pensa sobre o que deve fazer aqui neste planeta. Em vez de viver uma vida inspirada, plena e enriquecedora, você fica dando voltas como um balão amassado, tentando reunir vigor suficiente para continuar. Quando você se ama, porém, consegue reconhecer e oferecer seus dons. Simples assim. E muito importante. Porque o mundo precisa dos seus dons.

Neste exato momento, você pode não ter a noção clara de quais sejam seus dons, mas, ao começar a se amar, você começará a senti-los. Eles aparecerão nos lugares que costumavam estar cheios de comentários negativos. Você também começará a questionar por que está aqui e o que deve fazer com sua vida. Ao compartilhar seus talentos, você se sentirá pleno. De fato, quanto mais se amar, mais começará a entender que você não está aqui apenas para se sentir bem sobre si mesmo e a sua vida, mas que também está convidado – na verdade, convocado – a oferecer os seus dons e usá-los. Oferecer e usar os seus dons será parte do trabalho de se amar, que leva a vida toda.

Quais são os seus dons? Como você poderia usá-los?

2

Preparando-se para o amor

Olhe para si com compaixão

Todos nós sabemos como é a tentação morbidamente deliciosa de se torturar por quase tudo o que dá errado no seu relacionamento ou até mesmo na vida em geral.

Se você brigar ou for muito covarde para brigar, se tiver um orgasmo ou não, se levar uma eternidade para decidir algo ou decidir impulsivamente, se desperdiçar dinheiro ou for sovina, se for um fanático por limpeza ou relaxado – não importam os hábitos, a sua maneira de fazer as coisas, você pode estar se culpando por qualquer coisa que dê errado em seu relacionamento.

Rob culpou-se por muitos anos, porque, sempre que ele e Jane tinham de tomar uma decisão sobre qualquer coisa importante, ele pensava durante semanas. Analisava, dormia pensando no assunto, consultava seus "agentes secretos", como costumava dizer, depois, muito depois de Jane já ter decidido e estar batendo com o lápis na mesa da cozinha de tanta impaciência, ele finalmente tomava a decisão.

Uma vez, com esse "ruminar", como Jane chamava, desperdiçou a chance de comprar o que ambos julgavam ser a casa dos seus sonhos. Rob estava tão ocupado analisando os comparativos, verificando empréstimos que, nesse processo de três semanas, a casa foi comprada por outra pessoa. Embora Jane estivesse desapontada, recuperou-se bem rápido. "Isso acontece", ela falou, "não se preocupe, vamos encontrar outra casa perfeita".

Mas, muito depois de se mudarem para uma casa maravilhosa, Rob ainda se torturava sobre a casa perdida por sua indecisão. "Devia ter ouvido Jane. Eu não deveria ser tão perfeccionista com tudo. Por que não consigo me decidir?"

A realidade é que, não importa o estilo, você está fazendo o melhor que pode. Torturar-se, culpar-se, concentrar-se ininterruptamente em seus erros – como você devia ter sido, feito ou não – nunca melhora a situação.

Olhe para si com compaixão. Aprecie as suas pequenas e curiosas idiossincrasias. Seja tolerante consigo mesmo. Reconheça que é bom ser você. Está tudo bem se você for diferente de todo mundo. Como diz o provérbio iídiche: "Se eu for como ele, quem será como eu?" Então, relaxe e decida que você está bem exatamente como é.

Acredite que o verdadeiro amor espera você

Se você estiver engrossando a fatia dos solteiros, admirando aquele cara lindo na piscina, se tiver sido atropelado por uma carreira que não deixou tempo para a intimidade, se todos os seus amigos estiverem casados e você se sentir o único no mundo que não encontrou "a pessoa certa", então você pode estar acreditando que não haverá um amor verdadeiro para você.

Se isso for verdade, então você precisa começar a acreditar que o amor na verdade espera você. Assim como ninguém vai a Paris sem acreditar que Paris exista, ninguém se apaixona sem acreditar que um amor maravilhoso seja possível.

Isso porque a conceitualização cria a realidade. Na história de quase todos os magnatas de sucesso, lemos que eles acreditavam que venceriam algum dia, mesmo com as adversidades. Não é diferente com você: o que se expressa em sua vida chega porque, consciente e inconscientemente, você acredita que possa acontecer – um emprego melhor, um carro novo ou um amor verdadeiro.

A precondição para a chegada do amor é acreditar que, em algum lugar, existe uma pessoa viva para amar. Se acreditar nisso, será verdade; se não acreditar, nunca acontecerá. De fato, a pessoa que poderia ser o amor da sua vida poderia aparecer, olhar você nos olhos e você diria: "Desculpe, eu tenho um encontro", e seguiria em outra direção.

Acreditar que existe um amor verdadeiro para você pode parecer algo muito pequeno, mas para muita gente uma enorme dúvida paira no ar: esta coisa maravilhosa chamada amor poderia acontecer comigo? Talvez você já tenha tido vinte e quatro relacionamentos ruins, talvez o seu noivo tenha morrido em um acidente de carro, talvez você sempre acreditou não ser muito bonito, inteligente ou bem-sucedido, ou é tão tímido que nem consegue se imaginar tendo o tipo de conversa que o levaria a um relacionamento em primeiro lugar.

Lembra da Cinderela? Ela dormia sobre trapos, cercada de cinzas e não se entendia com a sua desagradável madrasta e meias-irmãs. A última coisa que passava pela sua cabeça era que ela, a maltrapilha varredora de cinzas, pudesse se apaixonar.

Porém, lá no fundo, Cinderela tinha fé, porque, quando a Fada Madrinha apareceu, ela estava aberta à possibilidade de que algo bom poderia acontecer; ela não fugiu.

Ao contrário, ela acreditou na Fada Madrinha, aceitou que a abóbora virasse carruagem e calçou os sapatinhos de cristal com absoluta confiança. Ela não disse: "Meu Deus, como você quer que eu ande com isso, vai quebrar assim que eu calçar!" Não, ela estava aberta ao amor. Bem no fundo, ela já havia dito: "Eu acredito no amor; acredito que milagres acontecem".

Se você não acredita em Fadas Madrinhas, nunca verá uma. E se não acreditar no amor, ele nunca aparecerá para você. Então, assuma o risco, encontre a fé, abra seu coração e acredite que o amor da sua vida espera você.

Acredite que existe alguém para você

Acreditar no amor requer, em primeiro lugar, que você acredite na existência da energia do amor no mundo e, em segundo lugar, que acredite que o amor sob a forma de uma pessoa real também estará disponível. O amor é uma energia vasta que nos cerca o tempo todo. Está apenas procurando uma forma de se incorporar em forma humana. Mas, se você não acreditar que essa energia existe, certamente nunca terá a sua fatia. Será somente uma idéia.

Se você disser a si mesmo: "Eu sei que o amor existe; sei que é a maior força do mundo e eu quero o meu quinhão", então algo muito bonito começará a acontecer. Você começará a encontrar o amor em todos os cantos, nos olhos das pessoas que encontrar, em momentos pungentes que compartilhar com estranhos, na doçura compartilhada com amigos. E, se você pedir por isso especificamente e acreditar que virá, um dia também o vivenciará sob a forma de alguém particular por quem se apaixonará.

Acreditar que existe alguém para você é mais do que ter uma noção vaga, estranha e inconstante de que em algum lugar possa existir alguém interessante. Significa sustentar a convicção forte e belamente lapidada de que alguém real está à sua disposição. A pessoa dos seus sonhos, o ser humano que é o seu par ideal, aquele que realmente pode cultivar, instigar, divertir e preencher você realmente existe.

A diferença entre o tipo de crença que falo aqui e aquele tipo de esperança passiva e irresoluta que você já pode ter é estar realmente convencido em seu coração de que essa coisa maravilhosa pode acontecer com você. Se o que você quer é um ser humano vivo e real para amar, você realmente deve acreditar que essa pessoa existe e que ele(a) tem o mesmo anseio que você. Em vez de afirmar: "Bem, talvez um dia alguém apareça", que é um tipo de desistência, você precisa dizer: "Estou afirmando que a pessoa por quem posso me apaixonar realmente existe e, definitivamente, aparecerá em minha vida".

Anos atrás, conversei com uma mulher que morava no mesmo condomínio que eu quando éramos duas jovens esposas em Washington, D.C. Um dia, enquanto tomávamos chá, ela falou: "Eu sempre me preocupava achando que nunca me apaixonaria e casaria porque não sou bonita. Mas então, um dia, na cozinha da minha mãe, olhei para todas as suas chaleiras e panelas velhas e reparei que para todos os potes rachados havia uma tampa rachada. Aí, parei de me preocupar se era bonita o suficiente porque sabia que existiria alguém certo para mim, alguém cujas imperfeições seriam o complemento perfeito às minhas".

Ainda lembro que, ao terminar de falar, o seu charmoso marido chegou à casa. A crença dela, mesmo em face do que ela sabia serem suas limitações, foi o que a permitiu estar disponível ao amor, e a sua disponibilidade foi o que permitiu que seu marido a encontrasse.

O mesmo se aplica a você, pois não apenas existe um pote rachado para cada tampa rachada, mas também um rei para toda rainha e um espelho para todo rosto que optar por se ver nele. Há um coração e uma alma que correspondem a cada coração e alma em busca do amor. Então, se quiser se apaixonar, acredite no amor e com certeza ele virá e o encontrará.

Esteja disponível

Se, quando criança, você andava pela rua em busca de uma moeda na sarjeta, sabe o que é estar disponível para o que parece impossível. As pessoas não largam dinheiro na rua para nossas mãozinhas catarem. Mas, se for uma criança determinada e der voltas pelo quarteirão o número suficiente de vezes, é provável que encontre a sua brilhante moeda.

Estar disponível para o amor é bem parecido. Você deve se apresentar em todas as oportunidades e aparecer em todos os lugares com todo o seu ser. Os livros de relacionamento do tipo *Como esbarrar com um homem* dizem que aparecer consiste em comprar ótimas roupas, ir a bares para solteiros, postar anúncios pessoais e exibir todo tipo de comportamento malicioso, sedutor e definitivamente sem autenticidade que pode levar você a cruzar com alguém sem nenhuma autenticidade que também está atrás de você. Todos esses métodos, é claro, aumentam as possibilidades estatísticas de encontrar alguém para namorar ou até casar.

Mas, se você já tiver feito tudo isso com pouco sucesso e gostaria de encontrar alguém real, que pudesse amar profundamente quem você realmente é, isso exigirá estar verdadeiramente disponível.

Estar disponível é muito mais do que ter o seu corpo em determinado ambiente onde o corpo de outra pessoa também possa estar simultaneamente ou até mesmo a sua imagem na internet onde o ser virtual de alguém possa ser visto por você. Disponibilidade é muito mais do que trajar a roupa da moda ou ser alto, moreno e lindo. Na verdade, os aspectos realmente importantes de estar disponível são internos.

Eu realmente me refiro a um coração que diz: "Estou pronto, eu quero, tenho curiosidade; estou me arriscando em todos os níveis para deixar o amor entrar em minha vida".

Isso é muito diferente e bem mais sutil do que comprar uma roupa nova e ir à festa. Significa estar consciente das suas inibições (tenho medo ou sou tímido) e proibições (sou muito velho ou não dei certo no amor várias vezes) e, apesar de todos os seus medos plausíveis, transmitir a mensagem: "Aqui estou, amor, venha até mim; sou seu".

Como conseguir pronunciar essas afirmações otimistas? Estando aberto. A abertura refere-se à maneira pela qual abordamos o mundo, nossas circunstâncias, outros seres humanos e a vida propriamente dita. Quando a questão é assumir o risco de estar aberto, temos duas opções. Podemos participar da vida como se ela fosse um insulto ou um assalto, algo que temos de suportar, combater e nos proteger ou podemos ser seres humanos receptivos que dizem: "Acho que deve existir algo propositado e bonito aqui e estou aberto para descobrir o que é. Sou apenas uma pessoa tropeçando ao longo da pequena trilha da minha vida, mas certamente quero ser surpreendido".

Estar aberto é uma postura vulnerável. É estar disponível ao mistério, estar curioso sobre o desconhecido e desejar entreter o inesperado em todas as dimensões.

Para você, a abertura consistiria em que ações específicas? Você deseja assumir o risco de estar aberto?

Abra o seu coração

Se realmente quiser entrar na sua vida, você precisa ter um coração aberto. Não é suficiente ser intelectualmente aberto e dizer: "Bem, acho que o amor é uma grande idéia e, se alguém aparecesse, eu certamente pensaria em me envolver". Você precisa estar aberto com suas emoções também, seus sentimentos e atitudes.

Estar emocionalmente aberto significa ter reconhecido de forma consciente que, não importam as suas cicatrizes (e todos nós sofremos mais do que parece suportável), você ainda quer estar aberto ao amor. É como se houvesse uma voz dentro de você dizendo: "Eu sei que já sofri 50.000 vezes, mas ainda assim quero que a borboleta do amor venha pousar em meu ombro. Além disso, meu coração partido está tão forte por ter sofrido todas essas vezes que correrá atrás da alegria quando o meu verdadeiro amor chegar".

Estar aberto emocionalmente nem sempre é fácil. Não se atinge esse estágio sem esforço da sua parte. Dá trabalho. Significa, em algum ponto do caminho, ter enfrentado de cabeça erguida (e trabalhado) o fato de que o seu coração *foi* ferido antes, que você está tremendamente vulnerável, que tem dúvidas e receios e que, apesar dos receios, você quer tentar de novo.

Em um sentido mais amplo, ter o coração aberto indica que você se reconhece como ser emocional e deseja vivenciar seus sentimentos. Você percebe que as suas emoções – alegria, pesar, medo e raiva – são uma corrente constante que se move pelo corpo e você deseja experimentar todos esses sentimentos.

Todos nós temos esse fluxo constante de sentimentos, mas querer vivenciá-los ou não é o que nos abre como flores ou nos fecha como túmulos. Deixar os sentimentos fluírem mantém você emocionalmente flexível e atualizado. Como você não vem arrastando receios, raiva, ressentimento ou tristeza antigos mal resolvidos, o seu coração está disponível ao que está acontecendo agora. Então, ao encontrar alguém que possa ser adequado para você, você poderá se doar inteiramente à nova experiência.

Para saber se o seu coração está aberto, faça as seguintes perguntas:

- Tenho uma atitude positiva, curiosa, receptiva e confiante em relação aos seres humanos?
- Quero trabalhar as cicatrizes da infância para abrir meu coração a outra pessoa?
- Quero trabalhar as memórias das decepções em meus relacionamentos anteriores para amar de novo?

Se a resposta for negativa, prometa a si mesmo que todos os dias buscará a resolução dessas feridas. Se precisar, procure ajuda, porque, ao buscar a cura com consciência, ela virá.

Saia da toca

Estar disponível a um relacionamento costuma exigir uma mudança de comportamento sua. Você tem de ir aonde o amor possa encontrá-lo. Por exemplo, se você esteve se escondendo, ficando em casa nas noites de sexta-feira, assistindo à televisão e querendo ter um namorado, você precisará fazer-se disponível, aceitando aquele convite para a festa do vizinho. Mas a verdadeira disponibilidade vai muito além de se fazer presente. Então, quando estiver em uma festa, tudo em você precisa aparecer: palavras, personalidade, espírito. Isso significa que você participará da conversa ainda que se sinta tímido, falará mesmo se não falarem com você, expressará apreciação, admiração e curiosidade. Se alguém perguntar quem você é, por que está lá ou o que espera da vida, despeje a verdade – "Estou aqui porque me escondi por quinze anos e agora quero um relacionamento" – ao invés de responder timidamente, usando os jargões típicos de festas.

Estar disponível significa, ao invés de ficar no fundo do poço em relação às suas chances no amor, tornar-se ridiculamente otimista. Por falar nisso, sempre gostei daquela piada em que um velho se planta na esquina todos os dias e, todas as vezes em que uma mulher bonita passa, ele grita: "Ei, você não quer vir aqui e me dar um beijo?" A maioria das mulheres segue em frente e fica ofendida. Às vezes, algumas sorriem com piedade e, de vez em quando, uma mulher vai e beija o velho.

Finalmente, um vendedor que tudo observava em todas aquelas semanas vem e diz: "Você não percebe como parece idiota perguntando a todas essas mulheres se elas querem beijar você?" E o velho responde: "Pode ser, mas aposto que eu tive muito mais mulheres bonitas me beijando do que você".

De uma forma muito inusitada, o homem está se fazendo disponível. Ele diz: "Estou plantado aqui na esquina não somente assistindo às garotas passarem, mas me arriscando e pedindo o que realmente quero. As probabilidades são pequenas, mas, puxa vida, de vez em quando o que eu peço acontece".

Como o nosso homem na rua demonstra, se você tiver uma atitude otimista e se fizer disponível, as suas chances de conseguir o que quer aumentam imediatamente. Na sua própria vida, estar disponível pode ir desde participar da caminhada do Sierra Club, ainda que esteja exausto depois de uma semana de trabalho de 90 horas, até a ousadia espiritual de se ajoelhar, levantar as mãos a Deus e dizer: "Mande-me alguém agora, não consigo ficar sozinho nem mais um minuto".

Se ficar em casa assistindo à televisão sozinho todas as noites, a única pessoa que vai encontrar é o técnico de televisão. É por isso que você deve se colocar em circunstâncias onde as pessoas se reúnam – sua igreja, a recepção de casamento do primo do seu melhor amigo. Vá a todos os encontros românticos com desconhecidos que as pessoas marcarem para você; participe de serviços de namoro na internet e escreva aqueles anúncios pessoais chamativos, confiáveis e vulneráveis que chamarão a atenção de alguém interessante. Mesmo se não conseguir resultados imediatos, você terá algum resultado. Você terá mostrado ao cosmo o que deseja e o cosmo dará isso a você – às vezes da maneira mais surpreendente e antes do que você imagina.

Conheça o seu verdadeiro eu

Conhecer-se é uma tarefa difícil e que dura a vida toda. Se estiver buscando um relacionamento, existe um tipo de autoconhecimento bem específico que é importante. Esse tipo de autoconhecimento é esforçar-se para chegar a uma profunda consciência do seu ser emocional, quem você realmente é como pessoa. Isso inclui ter a coragem de estudar a sua constituição emocional, descobrir o que fere e agrada você, do que tem medo, o que o alegra, assim como identificar algumas das suas principais necessidades de relacionamento.

Você pode começar o processo de autoconhecimento com algo simples, como saber se você é introvertido ou extrovertido. Você é alguém que gosta de passar muito tempo no calor da sua própria e tranqüila companhia? Ou alguém que gosta de ser altamente expressivo em meio à multidão? Você é festeiro ou um eremita?

Além de ser introvertido ou extrovertido, a que tipo de estilo de vida você aspira? Fuma? Bebe? É vegetariano? Adora cinema? Sedentário ou maníaco por exercícios? Precisa de um tempo na natureza? Ouvindo música? Meditando? Brincando com o sobrinho? Visitando seus pais?

É importante saber essas coisas ao procurar um namorado para que não se apresente como propaganda enganosa. Todos nós temos oportunidades de encontrar pessoas em circunstâncias que não refletem quem realmente somos. A mulher que encontra o seu amado na festa do escritório quando ele traja um terno – mas veste calça de moletom 24 horas nos últimos 20 anos – está levando uma falsa impressão. Ela pode pensar: "Ah, finalmente encontrei um homem que pode trazer classe à minha vida", quando a verdade é que ele não vê a hora de ir para casa e vestir o moletom. Por isso vale a pena, ao conhecer alguém, revelar quem você é nessas áreas aparentemente triviais.

Então, conheça-se e mostre-se. Quais são as três coisas que você gostaria de mostrar à pessoa amada? Qual das três você está preparado para revelar hoje?

Esclareça por que você não tem um relacionamento

Pode parecer um completo mistério o fato de você não ter o amor em sua vida agora. Mas não é. Isso porque, por trás da presença ou ausência de um relacionamento em sua vida, há motivadores inconscientes que ajudaram a criar a exata situação em que está.

Você pode estar dizendo: "Quero me apaixonar; por que não vem alguém e me arrebata?" Você pode achar que está pronto para se apaixonar, mas a verdade é que outras forças das quais você pode não ter consciência também estão em ação. Ao trazer esses fatores à consciência, você consegue ver o quanto tem se inibido para encontrar o amor. Ao trazer essas questões à tona você se torna capaz de encontrar a pessoa que amará.

De fato, o motivo pelo qual você não tem um relacionamento no momento consiste de inúmeros fatores sob seu controle ou não. Dentre aqueles que podem afetar você estão os motivos psicológicos e circunstanciais ocultos nas câmaras secretas do seu sagaz inconsciente. Os motivos que você possa alegar para não ter o tipo de relacionamento que diz desejar incluem ambivalência de relacionamentos, conflitos circunstanciais, recuperação incompleta de um relacionamento anterior e medo de encarar seus temores mais profundos.

Se o seu relacionamento não for o ideal, você pode se fazer as seguintes perguntas: O seu desejo de ter um relacionamento está em conflito com a sua independência? (Ambivalência.) Você está muito ocupado começando uma profissão para ter tempo de conhecer alguém? (Conflitos circunstanciais.) Você ainda sofre pelo ex? (Relacionamentos anteriores mal-resolvidos.)

Seja realista sobre o sentido do amor

A confiança no amor – que ele chegará e servirá a você – constrói um ninho confortável onde você pode depositar a sua fé, de forma que possa se arriscar a ver as suas esperanças de maneira fria e clara. Ao ser realista – encarando a verdade sobre situações, pessoas e coisas – você está se respeitando. Em vez de se enganar com expectativas inalcançáveis, você está cuidando de si mesmo ao pedir algo que realmente possa acontecer.

Ser realista é uma forma única de confiança, porque requer que você seja responsável. Requer o uso do lado esquerdo do cérebro – intelecto, consciência, avaliação – assim como o direito – intuição, sentimento, impulso – para evitar que se envolva de forma tola e irresponsável no tipo de relacionamento que seria como ir de encontro a um muro. Para ser realista sobre o ato de se apaixonar, você precisa entender o que é um relacionamento amoroso. Muita gente em busca do amor tem expectativas tão pouco realistas, que os relacionamentos imaginados nunca poderiam ocorrer. É por isso que sempre estão desapontados. Não confiam no amor e nem devem, porque querem a Lua.

Uma experiência de amor verdadeira, por outro lado, é grande e simples. No topo contém todos os nossos ideais mais românticos e, no mais elementar, é a simples alegria de ter alguém com quem dividir a jornada da vida. Na forma de um relacionamento íntimo, o amor é como uma rainha e uma camponesa, magnífico e docemente comum. Inclui as grandes situações de descobertas e as trilhas comuns do cotidiano.

Como o relacionamento é uma experiência de troca de sentimentos em busca de um nível alto, de estar emocionalmente aberto e permitir que a realidade emocional de outra pessoa entre na nossa, sempre há uma troca que proporciona desenvolvimento a ambos. É a arena onde você pode compartilhar seus sucessos e fracassos, buscar conforto e apoio, falar sobre as coisinhas irritantes e as coisas avassaladoras que confrontamos dia a dia. É o vínculo emocional que permite sentir-se ligado a outro ser humano e, por causa desse vínculo, também ser você mesmo.

Na verdade, o maior presente de um relacionamento íntimo é a possibilidade de dar *você* a você. É a oportunidade de se descobrir na presença das emoções refletidas de outra pessoa. No reflexo da consciência de outra pessoa e, às vezes, pela frustrante falta de consciência dela, você verá a si mesmo. É nesse contexto humano íntimo que você começa a descobrir o que realmente sente, o que é importante para você, o que o agrada, o que sempre o irritou e o que o irrita agora.

Relacionamentos também são boas oportunidades para captar outro ser humano. São uma chance de realmente conhecer outra pessoa de forma real – não de acordo com suas pré-concepções, seus sonhos sobre quem a pessoa pode ser, mas realmente descobrir, assim como é possível descobrir uma paisagem incrivelmente bonita ou uma antiga ruína sagrada, o notável mistério e beleza de outro ser humano.

Os relacionamentos também são a maneira pela qual o amor nos ensina o que é ser humano. Aprendemos isso não apenas através de nossos próprios sentimentos continuamente evocados por nossos parceiros, mas também através de nossa experiência direta com a singularidade de outra pessoa, revelada a nós o tempo todo. Esperar isso e trabalhar para isso é ser realista sobre o amor.

Seja realista sobre o que deseja de um relacionamento

Às vezes é fácil fantasiar que apenas estar casado ou em um relacionamento fará você feliz e resolverá todos os seus problemas. O tipo de pensamento "se eu pudesse me apaixonar tudo ficaria bem" se enquadra no que eu chamo de categoria "fantasiar relacionamentos".

Fantasiar relacionamentos é a antítese de ser realista nos relacionamentos. Encontrar o amor da sua vida é um compromisso sério, ao passo que fantasiar relacionamentos é uma forma de negligência emocional. Como fantasiar é vago, é provável que nenhum resultado surja. No amor, assim como em tudo o que desejamos, a especificidade dá resultados. O cosmo só responde quando você envia uma mensagem em voz alta e com clareza. Se precisar de um apartamento novo, por exemplo, é preciso especificar: preciso de um apartamento novo em Cleveland. Ou: preciso de um apartamento com luz vinda do norte para pintar meus quadros. Ou: preciso de um apartamento cujo aluguel não exceda U$ 900 por mês – é o que cabe no meu orçamento.

Se não souber exatamente o que quer, nada conseguirá. Quando o assunto é se apaixonar, a confusão do desejo pode fazer com que você arraste um relacionamento insatisfatório ou sofra sozinho tanto tempo a ponto de perder exatamente aquele relacionamento que poderia ser perfeito para você. Embora relacionamentos não sejam uma panacéia e certamente não possam corresponder a todos os seus sonhos, um bom relacionamento tem certas características que podem fazer dele não apenas algo adequado, mas realmente maravilhoso. Então, seja específico.

Para os iniciantes, vejam as atividades que gostariam de fazer com a pessoa dos sonhos. O motivo pelo qual isso é tão importante é que, embora você possa não pensar a respeito enquanto se sente desesperado, solitário e triste, quando se está em um relacionamento, a sua experiência será composta de todas as coisas que você faça ou não com o parceiro. Em meio ao desespero de achar alguém para amar, muita gente despreza as vastas áreas de compatibilidade que de fato compõem um relacionamento, partindo para uniões com pessoas totalmente incompatíveis.

Todos nós temos uma área vasta de atividades importantes para nós. Algumas coisas preferimos fazer sozinhos; outras gostamos de compartilhar. Estar consciente dessas duas linhas de preferências é uma importante tarefa do realismo no amor, já que, quando nos apaixonamos, costumamos supor, erroneamente, que devemos desejar partilhar todos os momentos e experiências com nosso parceiro, que "estar juntos" é tudo o que desejamos.

Se cometer esse erro, pode dar errado mais tarde, porque, dentro da matriz do seu relacionamento, mais uma vez você precisará descobrir as pessoas e experiências que nutrem o seu espírito individual. Na verdade, somos muito mais particulares do que o estado de espírito "tudo o que ele gostar, tudo o que ela desejar". O mais importante é o estado de espírito "o que você deseja".

Saiba que a sua alma reconhecerá o seu amado

No jogo do namoro, as pessoas perdem um tempo incrivelmente longo tentando perceber se a pessoa que surgiu é "a certa", se é o verdadeiro manjar ou um mero arremedo. A capacidade de reconhecer "a pessoa certa" nada tem a ver com o fato de ele ou ela ter surgido com os aparatos certos – 46 diamantes ou um carro de luxo. Ao contrário, tem a ver com a sua capacidade de autoconsciência, assim como a sua habilidade de avaliar o outro com precisão. Essa consciência de si mesmo e dos outros tem a ver com as suas atividades preferidas, aquilo que for imprescindível na convivência com o parceiro e seus desejos negociáveis.

Mas essa avaliação de si mesmo e dos outros pode ser limitada, porque essas características operam no nível da personalidade, e nós também somos seres espirituais. Temos princípios, valores e um senso intuitivo da importância de nossa vida. Então, quando chegar a hora de escolher "a pessoa certa", esses níveis mais profundos do seu ser também estarão operando. Tanto a alma quanto a personalidade terão de ser satisfeitas pela sua escolha.

Do que a sua alma tem consciência como objetivo da sua vida? Sobre que valores você pautaria sua vida? Ao escolher um parceiro, esteja certo de que tais qualidades estejam presentes na relação.

Descubra as suas atividades preferidas

Conhecer as próprias preferências permitirá que você se apresente com clareza e ajudará a avaliar a pessoa que se apresente a você. Compatibilidade em termos de atividades compartilhadas e tempo solitário ou juntos são componentes importantes de qualquer relacionamento. Você pode evitar muitos passos errados e decepções, confusões e aborrecimentos se, no princípio, conseguir transmitir as suas verdadeiras preferências.

Se estiver contemplando um novo relacionamento, você deve ter consciência de tudo o que gosta de fazer tanto com o parceiro quanto sozinho. Primeiro, faça uma lista de todas as coisas que gosta de fazer. Por exemplo, fazer amor, ir ao cinema, preparar um jantar apetitoso, praticar *rafting*, ioga, ler um livro, ler vinte livros, fazer cerveja, meditar, fazer ginástica.

Depois, coloque um "2" ao lado de cada item da lista que você gostaria de fazer com um namorado e um "1" ao lado de cada item que preferiria fazer sozinho. Depois, deixe a lista de lado por uma semana. Ao olhar para ela mais tarde, com outros olhos, o que ela diz sobre o que você procura em um relacionamento? A sua lista mostrará as atividades que você gosta de compartilhar (e, como resultado, o tipo de relacionamento que prefere). Também revelará os recantos de privacidade que você quer preservar.

Claro, algumas coisas da lista podem mudar com o passar do tempo ou um parceiro específico. Você pode ter gostado de dançar com alguém antigamente, mas não gostar de dançar com determinada parceira agora porque prefere visitar galerias de arte com ela – ou você pode estar completamente cansado de dançar.

Ao iniciar um novo relacionamento, não ignore a sua lista. É um reflexo de quem você é e você não deve abandoná-la, não importa o quanto pense estar apaixonado. Se a sua lista diz que você gosta de caminhar sozinho – é a sua meditação, seu tempo para desacelerar e comungar com a natureza –, mas a sua namorada quer caminhar com você, então você terá problemas. Talvez seja possível negociar, mas certamente é um problema a ser tratado.

Se você for a pessoa mais friorenta do mundo, que calça meias até quando está nos trópicos, e o homem que está paquerando deseja passar o resto da vida em montanhas de esqui com a mulher dos sonhos, então você também terá problemas. Se a sua lista diz que você adora ser sociável e negociar com uma mulher vivaz ao seu lado, e estiver namorando uma rata de biblioteca que nem sequer tem um vestido preto, você tem um verdadeiro abismo de discrepâncias para lidar.

Ao contrário, se gostar de praticar jardinagem com alguém e ele também, se gostar de cultivar flores e ela adorar arrumá-las, se ambos adorarem velejar ou fazer compras em Paris, então vocês adentraram a terra feliz das compatibilidades instantâneas.

Seja qual for a sua lista, confie nela. Use-a como guia. Pode parecer simples ou mesmo tolo, mas, com o passar do tempo, você verá que compartilhar aquilo de que gosta, porém tendo a solidão de que necessita, é extremamente importante.

Seja grato ao que existe

Gratidão é viver em estado de grande plenitude em todas as dimensões. Quando permanecemos nesse estado, não importa o que aconteça em nossa vida, sentimos nosso coração pleno, nossos olhos cheios de beleza, nossos ouvidos cheios de sons que nos encantam e agradam, e nossa consciência cheia de uma bela percepção da majestade da vida.

Se estiver lendo este livro por não ter alguém para amar agora, pode pensar que não há nada para agradecer. "Como posso ser grato se não tenho a única coisa que desejo?", você pode estar perguntando: "Gratidão! Como assim?"

Isso porque a gratidão geralmente parece uma emoção que acompanha alguma experiência. Quando alguém lhe dá um lindo presente, você fica grato. Quando você é convidado para um agradável jantar, você fica agradecido. Mas, para se preparar para o amor, você deve viver em gratidão, num estado de antecipação – não como conseqüência de já ter recebido algo.

Isso desafia o nosso sentido normal da ordem das coisas. Mas, no que se refere ao amor, a gratidão é imperativa, porque é um ímã. Ela atrai para si o que é semelhante, atrai o que é síncrono.

Em outras palavras, o coração alegre e grato atrai alguém que também é alegre e grato. A mulher que vive em estado de apreciação da vida atrairá ao seu círculo o homem que não apenas agradece pela vida, mas que também a apreciará. O homem que é grato até em circunstâncias difíceis atrairá uma mulher cujo espírito similar de gratidão tornará sua vida graciosa com facilidade.

Quando não somos gratos, colhemos os frutos da ingratidão: mesquinhez, pobreza, carência, desconforto, confusão, dificuldade. Ao expressarmos nossos sentimentos dessas maneiras negativas, as pessoas que vibram tais energias empobrecidas se unirão a nós em um coro de lamentações e reclamações. Dificuldades serão atraídas, porque nosso consciente está funcionando como um parque onde essas energias podem sentar e fazer um piquenique.

Ao contrário, quando vivemos em estado de gratidão, tudo o que for gracioso, belo e cheio de alegria virá até nós facilmente. É interessante notar como tantas destas palavras positivas são cheias de plenitude: belo, grato, maravilhoso, alegre. Quando assumimos essas atitudes abundantes, quando vivemos nesse estado de espírito, nossa vida será preenchida com o que já adotamos como atitudes do nosso coração.

Por isso é importante enxergar todas as experiências de sua vida – inclusive as difíceis – como algo a agradecer, porque todas ofereceram um presente ou um ensinamento. Então, se você teve um ótimo relacionamento, festeje e exclame "aleluia" e, se teve relacionamentos difíceis, seja grato por todas as coisas que eles ensinaram.

Deixe todas as situações serem professoras na sua escola da gratidão. A gratidão, mais do que qualquer outro estado de consciência que você venha a adotar, é o atributo que pode desenvolver a sua capacidade de amar. E a sua capacidade de amar, acima de tudo, é o que vai atrair o amor para você.

3

Vivendo o seu amor

Continue se amando

Muitos de nós pensam que o amor é o milagre pelo qual, finalmente, seremos pessoas completas. É uma noção defeituosa do amor, a idéia de que não estamos bem como somos, mas, se pudermos ser amados por alguém, então isso provará que estamos bem.

Ironicamente, porém, para ser bem amado, primeiro você precisa se amar. No amor, não necessariamente conseguimos o que merecemos, mas o que *julgamos* merecer. Assim como João da Silva tem uma casa que vale um milhão de dólares e pode vendê-la a U$ 500.000 se julgar ser isso o que vale, a pessoa que subestima o próprio valor sempre será ludibriada no amor.

Amor gera amor. Se você não tiver bons pensamentos sobre si mesmo não poderá ser afetado positivamente pela pessoa que o celebra pelos traços especiais nos quais você não acredita. Se você não conhece, tampouco ama, o que é importante, especial, precioso e belo sobre si mesmo, pode ter certeza de que alguém que se ama não lhe fará serenatas, enviará rosas, elogiará, homenageará nem cobrirá de beijos.

Amar-se é conhecer-se, apreciar-se e valorizar-se, além de entender que o autoconhecimento é uma empreitada pessoal que dura a vida toda. Significa que você se aprecia pelo menos da mesma forma como aprecia o seu amado, que sabe que ele ou ela tem tanta sorte no amor quanto você acredita ter. Significa que você não mede as suas forças e fraquezas pelo abuso da autodepreciação nem pela insanidade da egomania, mas pela pureza e precisão. Amar-se é reconhecer suas falhas e perdoar-se por elas. Amar-se é buscar mais, o melhor em si mesmo.

Quando toleramos maus-tratos no amor, é porque acreditamos não merecer mais. Mas o amor-próprio sempre é o modelo de amor que se pode esperar, a verdadeira medida do amor que você dará e receberá. O seu coração somente comporta a quantidade de amor que você acredita ser capaz de ter. Então, trate-se melhor, acredite merecer ser tratado melhor e você será tratado ainda melhor em todos os relacionamentos que tiver.

Renuncie às suas expectativas

Geralmente iniciamos relacionamentos vendo suas possibilidades óbvias, imaginando resultados específicos, embrulhando-os em nossas próprias expectativas. Mas o que ocorre de fato costuma ser muito diferente do que esperávamos. A pessoa com quem você queria casar tem fobia de compromissos. A mulher que você achava que daria uma ótima mãe decide ir estudar Direito. O pretendente com muito dinheiro aplicado decide doar tudo e viver em uma caverna. Mudanças surpreendentes podem acontecer nos níveis mais simples: "Quando me apaixonei por ele, ele estava vestindo um blazer de caxemira azul e calças de flanela cinza; mas, depois que casamos, só veste moletom e *jeans*".

As expectativas surgem de duas formas: gerais e específicas. Expectativas gerais têm a ver com nossos sonhos e planos para um relacionamento específico – que dará em casamento, gerará filhos, fará você "feliz". Expectativas específicas têm a ver com o que julgamos poder contar no cotidiano – ele vai jogar o lixo fora, ela criará as crianças de uma maneira que eu aprove. Em um nível, essas expectativas são todas bem razoáveis; é apropriado ter planos e metas de longo alcance, e é legítimo esperar tipos específicos de participação do seu parceiro.

Mas quando o seu relacionamento torna-se uma ladainha de expectativas frustradas – o que você esperava, mas não conseguiu –, é hora de encarar o que está acontecendo de uma perspectiva inteiramente diversa. Quem sabe, em vez de precisar "comunicar melhor" ou "negociar suas diferenças" em um nível emocional, você está sendo solicitado, em um nível espiritual, a aprender a aceitar a realidade?

Aceitar – encontrar uma forma de ficar à vontade com as coisas como elas são – na verdade é um estado de espírito muito desenvolvido. Significa ter abdicado os preconceitos do seu ego e se entregado ao que foi dado a você. Talvez ele não seja o provedor que você esperava, mas a força espiritual dele é uma inspiração constante; talvez ela não seja a dona-de-casa que você queria, mas a maneira pela qual cria os seus filhos é absolutamente linda.

A aceitação permite que seu espírito cresça. Quando você é capaz de reconhecer os pequenos milagres e as grandes lições que substituíram as suas expectativas, você repentinamente descobre que aquilo que esperava era lamentavelmente insignificante comparado ao que estava guardado para você e que, de forma muito mais complexa e elegante do que poderia imaginar, a sua vida está seguindo um plano sagrado.

Então, se quiser uma vida maior do que a própria vida e um relacionamento melhor do que as suas maiores esperanças, refaça as suas expectativas e renda-se ao real.

Lembre-se de que todos têm problemas

No amor, costumamos esperar que nossos parceiros façam, deixem de fazer, sejam, digam, dêem ou recebam aquilo que queremos, sem lembrar que eles têm vida própria. Infelizmente (e felizmente), um relacionamento não é um vale-tudo pela concessão de indulgência da outra pessoa a todas as nossas necessidades e caprichos, porque todos têm problemas, realidades pragmáticas que os assolam e conformam, além das tentativas de gerenciá-las. Isso significa que a pessoa que você ama não estará sempre disponível para amar você precisamente como você deseja.

Em alguns momentos, os seus próprios problemas podem parecer tão avassaladores – ficar preso durante anos em um emprego sem futuro para conseguir levar os filhos até a faculdade; ter de cuidar da mãe idosa que tem Alzheimer; tentar se formar enquanto trabalha em horário integral – que você pode esquecer que seu parceiro também tem problemas. Como a vida pode ser difícil, costumamos querer apenas ser aliviados, até mesmo salvos, de nossos próprios problemas difíceis pela pessoa que amamos. Por que ele não quita nossas dívidas? Por que ela não faz sexo comigo sempre que quero?

Reter essas esperanças, porém, é uma forma de ignorar um dos fatos básicos da vida: a vida não é justa. Todos nós temos fardos enormes e é provável que o seu amado, assim como você, esteja tentando lidar com mais coisas do que gostaria.

Infelizmente, é fácil demais esquecer os problemas do outro quando estamos envolvidos com os nossos. Tenho uma amiga que costumava ter infinitos atritos com seu marido porque ele nunca chegava à casa antes das 8 horas da noite. Finalmente, em uma noite ele disse a ela: "Você acha que eu *quero* trabalhar até tão tarde toda noite? Odeio meu trabalho! Mas como tenho que manter você na escola de enfermagem e sustentar três filhos, não posso me dar ao luxo de parar". Ao perceber que ele era tão vítima dos problemas quanto ela, ela parou de reclamar e passou a demonstrar empatia e encorajá-lo. O interessante foi que, logo depois, ele conseguiu descobrir maneiras para voltar mais cedo na maioria das noites.

Lembrar que todos têm problemas é uma forma pela qual nos unimos na condição humana. Quando reconhecemos em nosso próprio coração e por nossas ações que a outra pessoa também é afetada pelos tiros e flechadas da vida, criamos uma forma mais profunda de elo. Ao invés de sermos rivais, constatamos que todos estamos no mesmo barco. Reconhecemos que nunca vivemos, amamos, trabalhamos nem sofremos sozinhos.

Pratique a arte da empatia

Sentir por e com alguém – ter empatia – é a forma mais profunda de participação emocional que você pode ter com quem ama. Na sua relação íntima, pode fazer você se sentir mais conhecido e conhecedor, mais plenamente reconhecido e visto, mais bela e profundamente vinculado.

Ter empatia não é necessariamente fácil. De fato, de todas as intervenções emocionais, a empatia é a mais exigente. Conseguir penetrar realmente na experiência de outra pessoa de forma tão plena a ponto de ela conseguir sentir a sua presença com ela é a incorporação do mais alto grau de refinamento emocional. Unir-se verdadeiramente ao seu amado – na falta de força dele ou na vergonha dela – é já ter, de alguma forma, visitado esses reinos terríveis sozinho.

O acolhedor berço da empatia é construído a partir da ampla gama de sentimentos que já sentimos em nosso próprio coração e corpo. Se você não tiver vivido determinado sentimento em primeiro lugar, ou não quiser revisitá-lo, a sua capacidade de sentir com o outro será confusa, incompleta e maçante.

A sua empatia será uma tentativa débil de compartilhar o sentimento, mas não uma experiência verdadeiramente empática. É por isso que a empatia dá tanto trabalho. Você tem de cumprir o seu dever primeiro para se conhecer em profundidade, com suas próprias emoções. Somente depois você terá a *Encyclopedia Britannica* dos sentimentos humanos para consultar; como você já vivenciou, saberá "como se sente". Terá uma referência no próprio corpo, uma idéia em sua própria mente de como determinada experiência deve ser sentida por outra pessoa. Como você já terá "passado por isso", poderá sentir a verdadeira empatia e criar um forte senso de comunhão.

Celebre o excepcional

Felicitações são nutrientes verbais. Geram auto-estima e, de forma bem sutil, criam uma pessoa no espectro total da sua essência. Felicitações convidam quem é felicitado a abranger uma nova percepção de si. Assim como camadas de nácar formam a pérola ao redor do grão de areia, as felicitações se acumulam ao nosso redor, desenvolvendo-nos em toda a nossa beleza.

Celebrar o excepcional despertará a sua consciência não apenas do valor do outro, mas também das suas próprias qualidades. Contemplar a singularidade do seu parceiro é, ao mesmo tempo, informar suas próprias qualidades a si mesmo. A excepcionalidade do seu amado é um reflexo seu; você não estaria nos braços dessa pessoa incrível se também não existisse algo muito especial em você. Felicitar a beleza da sua esposa é ser lembrado do seu próprio valor. Apreciar a sensibilidade do seu esposo é ter consciência de que você é o tipo de pessoa em cuja presença tal elegância emocional pode florescer.

Assim, confirmamos que não apenas temos sorte no amor, mas merecemos ser amados. Enxergar a adequação de estarem juntos é ter o sentido da esperança e alegria sobre o seu amor mútuo. Assim, elogie quem você ama com abundância e as bênçãos voltarão multiplicadas a você.

Cubram-se de beijos

Um relacionamento precisa ser S.C.U.B. Já escreveu isso no verso de uma carta? Significa que a sua carta é especial porque foi selada com um beijo. Mesmo depois que a paquera acaba, o seu amor precisa ser selado e afirmado com uma multidão de beijos, porque os beijos são sinais, mais do que tudo, de que gostamos, amamos, apreciamos e adoramos quem beijamos.

Os beijos carregam nossas pequenas (e grandes e magníficas) mensagens de amor. São a expressão mais doce, simples e de denominador comum do seu amor; e, ao beijar, você nutre seu vínculo.

Os beijos também têm vários significados. Sinalizam que um novo romance está começando; são o cimento da afeição, o contraponto da paixão. Sem expressar palavras, podem dizer tudo desde "Amor, cheguei", até "Parabéns", ou "Sou louco por você; é você que desejo". Ou, por outro lado, podem expressar um simples "Desculpe".

Assim como o beijo é o portal para a vida erótica em um novo romance, é o sistema de suporte da paixão erótica no amor duradouro. É a assinatura do contato passional, a maneira pela qual dizemos que gostaríamos de fazer amor. Mas o beijo não é apenas o passaporte para a paixão erótica. Depois de ter adentrado o reino da intimidade sexual, ele tem um poder e beleza próprios. Adoça e aprofunda o encontro sexual, torna-o mais lúdico ou suave, com mais sentimento.

O beijo eleva o nível de nossa experiência diária e banal até o delicioso e extraordinário. O beijo é o alimento do amor.

Acariciem-se

O problema da vida é não ser aconchegante o suficiente. Em nosso lado bebê, que todos nós ainda temos, precisamos ser abraçados e acariciados, enleados com doçura e beijados, ser amparados com amor e ternura.

As carícias são o alimento do corpo e do espírito, e todos nós precisamos delas profundamente. Ser tocado e abraçado, ter a pele – esse miraculoso invólucro fino e acetinado de nosso ser – acariciada, tratada, lembrada e apreciada é um dos maiores requisitos humanos. É um resquício da infância, quando a maioria de nós não foi acariciada, abraçada, beijada ou aninhada o suficiente. É por isso que, agora, precisamos ser acariciados, então desejamos sentir o abraço gigante que é a carícia adulta. Queremos nos sentir protegidos e seguros. Queremos nos sentir nutridos e amados. Queremos sentir que a vida oferece mais do que os deveres e o trabalho. Queremos acreditar que ter um corpo em um mundo cheio de corpos não é um chiste triste e solitário. Acariciar, então, estar aconchegado – no sofá, na cama, na cozinha, no carro e na praia, em restaurantes e no metrô, durante os créditos do cinema e em longas filas no banco – é um prazer puro que satisfaz uma enorme necessidade humana.

Acariciar não é uma preliminar para outras coisas – como sexo, uma ótima conversa ou uma noite na cidade, uma viagem ao lago ou seu jogo favorito de *baseball*. Acariciar é maravilhoso, útil, curativo, delicioso, prazeroso, tranqüilizante, saboroso, aconchegante e fantástico ao mesmo tempo. Então, acariciem-se!

Transforme o extraordinário em cotidiano

Parte da graciosidade do amor é que ele nos permite aprofundar o significado até mesmo dos mais simples gestos da vida cotidiana, transformar o lugar-comum em incomum e o que é familiar em magia. Transformar o extraordinário em cotidiano é fazer o serviço comum sem nenhum motivo e, nestes dias em que tudo é instantâneo, o que era comum tornou-se extraordinariamente especial. É um luxo comer uma torta caseira ou ter uma meia remendada à mão.

De vez em quando, meu primo Jed dá à namorada Diane um envelope cheio de cupons, comprovantes que serão trocados se ele engraxar os sapatos dela, afiar as facas, plantar petúnias nos vasos da varanda e limpar o armário ridiculamente bagunçado do *hall* de entrada. Minha amiga Joanne remenda os suéteres do marido Steven e prega os botões que faltam. "É a coisa mais especial", Steven diz, "tão encantadora porque sei que ela não tem tempo".

Às vezes, transformar o extraordinário em cotidiano é simplesmente criar a ocasião para fazer algo banal juntos. Todas as vezes em que têm um jantar, meus amigos Belinda e Jim lavam a louça juntos, mesmo tendo uma lavadora de louças. "Realmente gostamos disso. Existe algo na água quente com sabão e nos panos de prato de linho que deixa tudo fácil. Para nós, é um momento de descontração, de falar sobre as pessoas da festa, como nos comparamos com nossos amigos, de lembrar a nós mesmos quem somos. Algumas coisas realmente incríveis acontecem. Normalmente, nunca pararíamos para dizer o que dizemos nessas conversas enquanto lavamos a louça, mas há algo tão seguro em apenas ficar ali juntos perto da pia, descontraídos."

Ao transformar o extraordinário em cotidiano, vocês transmitem que se amam com muita simplicidade. Lembram um ao outro que estão juntos, que desejam ficar atados no longo novelo do futuro. E como o nosso inconsciente julga o que é comum como momentos descomplicados, são um maravilhoso bálsamo para vidas estressadas. Eles nos lembram de que, não importa o quanto a vida seja complicada, alguns dos gestos de amor mais doces e reconfortantes são realmente muito simples.

Cuide do seu corpo

Costumamos encarar nosso corpo como nossa propriedade e, claro, fundamentalmente, é. Mas, quando você está em um relacionamento, o seu corpo também é o elo com quem ama. Se você não tivesse corpo, não estaria aqui para amar ninguém em primeiro lugar; e é com o seu corpo, sua presença física que o seu amado se relaciona continuamente. Afinal de contas, é o seu corpo que você traz para casa depois de um dia de trabalho; é o seu corpo que dorme com o seu amado à noite. Você tem de se olhar no espelho para realmente observar a sua aparência, mas a pessoa que ama você tem de olhar para você o tempo todo. Quando você está exausto ou deprimido, o seu amado verá o cansaço em seu rosto e na sua postura, assim como ele(a) também reconhecerá o seu sentido de bem-estar, vitalidade e felicidade.

Por causa disso, a maneira pela qual você trata seu corpo é muito importante em um relacionamento. Pode ser um presente, um patrimônio, uma alegria, uma grande celebração para o seu amado, ou um prejuízo, um fardo, a oportunidade para se testar espiritualmente. Assim como uma saúde radiante e bem-estar podem demonstrar beleza e inspiração a quem se ama, auto-abuso físico ou negligência podem ser o motivo para o enfraquecimento do relacionamento. Se você não cuida do seu corpo, está transmitindo a você e a seu amado que não se importa com você e que ele(a) não importa muito também. Isso porque a forma pela qual você cuida do seu corpo é um reflexo não apenas de como se sente, mas também do que espera que o parceiro sinta por você. Se estiver destruindo o seu corpo de um jeito ou de outro (fumando, bebendo em excesso, trabalhando em demasia ou sendo viciado em açúcar e cafeína, e sendo sedentário), como pode esperar que o parceiro aprecie e goste do seu corpo ou reflita a você o amor que você mesmo não foi capaz de se dar?

Ao compartilhar seu corpo com quem ama, você está compartilhando sua verdadeira essência. Então, cultue essa essência, a mais alta expressão humana de sua alma incorporada: nutrindo, amando e cuidando do seu corpo – por você e pelo seu amor.

Mantenham contato

Nestes dias de cronogramas tumultuados e complexos, é possível perder contato com o seu parceiro, às vezes por vários dias. É por isso que precisamos nos esforçar e ficar de olho não apenas em nossas obrigações e planos, mas também em nossos relacionamentos íntimos.

Manter contato significa informar ao parceiro sua vida e horários – seu cronograma e obrigações, assim como variações em rotinas e planos. Não há nada pior, por exemplo, do que o filho passar mal e você não conseguir localizar o parceiro. Ou ser avisada de que ele vai chegar às seis da noite e ele só aparecer duas horas depois. Emergências e exceções acontecem, mas ter a responsabilidade de cumprir com os compromissos mútuos o máximo possível, e o mais rápido possível, permitirá que seu parceiro seja flexível e suporte as irritantes exceções.

Mas manter contato deve ser mais do que uma mera troca de informações sobre horários. Também significa encontrar maneiras de comunicar seu amor regularmente, independentemente do quão ocupado esteja. Eu conheço um casal que deixa um livro na mesa da sala. Quando um dos dois precisa sair, ele(a) nunca sai sem deixar uma mensagem de amor. São casados há oito anos e o livro é o registro sincero de uma vida diária vivida com amor e cuidado.

O que você pode fazer para garantir que está mantendo contato no seu relacionamento? O que você gostaria que seu parceiro fizesse para ter mais contato com você?

Ofereça ajuda

Já estamos ocupados o suficiente com o que fazemos para nós mesmos e em nosso trabalho, com o cônjuge e filhos que não necessariamente temos tempo para fazer coisas extras. É por isso que oferecer ajuda é um presente, uma forma de generosidade emocional capaz de adicionar uma graça especial ao relacionamento.

Oferecer ajuda é mais do que desejar dividir o peso das tarefas. É uma forma de dizer que, por nenhum outro motivo a não ser amor, você deseja entrar no mundo do seu amado e ajudá-lo. A ajuda pode vir de muitas maneiras. Pode ser um consolo verbal (dizer ao parceiro que vai ficar tudo bem), ajuda física (dar uma força com a louça), conforto emocional (ouvir as queixas do seu amado) e ser "pau para toda obra" ("Posso fazer alguma coisa por você?").

Essa consciência amorosa diz, minuto a minuto, que você está percebendo o que acontece com o seu amado e deseja participar dos seus problemas até mesmo no nível mais mundano. Isso despertará a admiração do seu amado porque, em meio a tantos traços pequenos e subliminares, ele(a) perceberá que você está prestando atenção e se importando. Oferecer ajuda é um jeito simples de afirmar o seu vínculo e nutrir seu amor.

Consolem-se

Mais do que gostaríamos de reconhecer, a vida é cheia de tragédias. Todos carregam fardos quase insuportáveis no coração. Todos temos pesares e sofrimentos que nos levam a searas de dor, as quais parecem quase intransponíveis. Há momentos em que sentimos que aquilo que vivenciamos acabará nos destruindo.

Ter consciência de tudo isso é saber como a nossa necessidade de consolo é grande. Ao nos defrontar com a magnitude do trágico em nosso âmago, nada podemos fazer a não ser tentar prolongar o dom da cura, ainda que nos sintamos totalmente despreparados para oferecê-lo. Não importa o quanto nossos gestos crus possam parecer inadequados, eles certamente tocarão o ponto que precisa de consolo.

Todos precisamos agir como médicos do espírito em relação ao outro. Quando somos assaltados pelos pesares da vida, precisamos sentir a presença de quem nos ama. Quando sofremos, precisamos ser ajudados e, quando sentimos dor, precisamos ser abraçados pelo amor.

Consolar é confortar – com suas palavras, mãos, seu coração, suas orações. Consolar é sentir com o outro e assim dividir a força da perda. Ao consolar, você escuta o que está no seu âmago e deixa você e a pessoa que ama menos solitários.

Lembre-se de que o seu amor não é adivinho

Se eu ganhasse um dólar todas as vezes em que alguém me diz: "Mas por que eu tenho de perguntar? Ele deve saber o que eu sinto/quero/penso", teria mais dinheiro do que o Rei Midas e viveria em um castelo construído de tijolos de ouro.

O amor faz muitas coisas mágicas, mas não nos transforma em adivinhos. Precisamos falar ao outro o que queremos e pedir o que precisamos. E eu quero dizer *falar* e *pedir*. Se apenas o suéter de angorá azul servir para o seu aniversário de trinta anos, *fale* isso ou pode acabar ganhando um conjunto de potes para a cozinha. Se quiser que a sua amada use o vestido de seda preta tomara-que-caia na festa de Natal do escritório, *fale* para ela ou ela poderá aparecer usando aquela peça florida que você odeia. Não porque ele(a) não ame você, mas porque ele(a) não é vidente.

Desejar que o seu amor seja vidente é uma fantasia maravilhosa. Seria ótimo se ele(a) soubesse todos os seus desejos e os fizesse aparecer num passe de mágica. Abandonar o sonho de que o seu amado "adivinhará" é abandonar a fantasia de infância de que os seus pais sempre sabiam exatamente o que você queria. É triste pensar que o amor tem limites, que conseguir o que queremos dá trabalho, mas é verdade.

E depois de chorar a perda de sua fantasia, lembrar-se de que o seu amado não é adivinho o estimulará a ser mais franco e ousado ao expressar suas necessidades e desejos, aumentando a probabilidade de que o outro os atenda. Receber aquilo que deseja deixará seu coração suave, feliz e aberto. Você se sentirá mais amável e mais amor começará a fluir de volta a você.

Não confunda o seu amado consigo mesmo

Pode parecer absurdamente óbvio que o seu amado não é você, mas um dos piores erros que você pode cometer no amor é generalizar tomando você mesmo como base; ou seja, presumir que o seu parceiro é exatamente como você em termos de mágoas, hábitos, preferências, esperanças e expectativas. De fato, todos nós nos apaixonamos e ficamos fascinados pela magia de outro ser humano precisamente por ele ser diferente de nós. Mas, nos relacionamentos, é muito comum nos comportarmos como se nosso parceiro fosse uma extensão de nós mesmos.

Isso é visível no "nós" matrimonial. "Nós não gostamos de cidades grandes". "Nós não gostamos de peixe-espada". "Nós sempre..." "Nós nunca..." E é invisível, mas presente, em nossas crenças particulares: "Como gosto de passar as férias nas montanhas, você também deve gostar"; "Como levanto ao raiar do dia, você também deve levantar"; "Como eu quero ter filhos, você quererá também;" "Como expresso o amor em palavras, você expressará também". Inúmeras brigas acontecem em virtude de pressupostos aparentemente inofensivos de que se eu faço, você fará (ou deverá fazer) também.

Esperar que o outro seja seu clone é uma ressaca emocional da infância, quando você realmente era o centro do universo. Quando éramos bebês, a palavra *também* movia-se ao nosso redor – se acordássemos berrando às 5 da manhã, todo mundo também acordava. Mas, na fase adulta, ao tratar seu (sua) parceiro(a) como se ele(a) fosse como você, você reduz a pessoa a um tipo de nulidade. Com efeito, você diz: "Somente minha consciência, minha maneira de fazer as coisas, minhas preferências importam aqui – o que você sente ou pensa é irrelevante".

O antídoto a tal opressão é aprender a fazer algo muito simples: indagar; explorar; perguntar. Deixe a curiosidade ajudá-lo a descobrir o que o seu parceiro deseja e precisa de você. Quanto mais souber exatamente como ele(a) é, menos cometerá o erro de anular a pessoa.

A longo prazo, lembrar-se de que o ser amado não é você é uma forma de expor-se à alegria de conhecer outra alma na verdade e beleza de quem ela realmente é. E o amor realmente é a celebração das diferenças.

Não faça suposições

Suposições – dizer algo que presuma o seu conhecimento do que o outro pense, sinta ou faça – sempre ferem o seu alvo e criam uma barreira à intimidade. Comentários do tipo "Você não se importa comigo o tanto quanto me importo com você", "Você não tem de se preocupar com dinheiro", "Você não tem muito o que fazer hoje" surtem o efeito de intimidar o outro e limitar a realidade à sua interpretação dela. Basicamente, estamos dizendo: "Sei quem você é e o que acontece com você. Não preciso da sua versão da história".

Suposições soam como uma violação do espírito à pessoa que, teoricamente, está sendo percebida. São uma redução da real complexidade da realidade e uma negação da essência do outro, extinguindo a sua singularidade e liberdade de expressão. Suposições podam possibilidades porque provocam um isolamento ainda maior das pessoas. Eliminá-las abre o fluxo da verdadeira conversa na qual os apaixonados podem mostrar o que realmente são e descobrir os belos detalhes um do outro.

Valorize seu relacionamento em público

O seu relacionamento, assim como você, tem uma auto-imagem. Você e seu amado se uniram para expressar, entre outras coisas, o fato de que a união de duas pessoas é algo valioso e lindo. Ter alta consideração por seu relacionamento e pelo outro significa que também os tratará em público como o tesouro que você sabe ter.

Valorizar seu relacionamento em público significa não flertar de forma provocativa (nem de qualquer outra forma) com outra pessoa, nem comparar seu amado com outros impensadamente, debochar do seu amado nem brigar na presença dos outros.

Não transforme sua amada na rabugenta da festa (ou em uma amante desinteressada ao chegar à casa), admirando aquela loura escultural. Não faça o seu amado se sentir inadequado ficando muito junto ou conversando por muito tempo com aquela estrela de rock que apareceu no jantar beneficente. E não se comporte como se tivesse escolhido o cara errado, humilhando o seu amado no churrasco de domingo da vizinhança.

É claro que ela tem defeitos. É claro que ele não é perfeito. Mas ninguém mais precisa saber disso. Não anuncie para o mundo – não interessa a ninguém. E não compare nada do seu amado – aparência, maneiras, atributos, fraquezas ou conta bancária – com ninguém da festa. Não é bom ser comparado.

O amor precisa ser nutrido, não ameaçado nem maltratado. Valorizar seu relacionamento em público significa que você se preocupa o suficiente para deixar o seu amado à vontade, para deixar o mundo externo aplaudindo de pé ou admirado com a pessoa que você escolheu e o relacionamento que criaram.

Encontre sua alegria e compartilhe-a

Antigamente, muitas mulheres eram mártires para os parceiros e famílias: "Passei dezesseis camisas e ele nem me agradeceu", "As crianças patinharam no chão limpo da minha cozinha e nem perceberam". Agora somos escravas da dupla jornada de trabalho: "Trabalhei o dia inteiro e ainda tive de fazer o jantar", "Meu chefe me dá uma bronca por chegar atrasada e o meu marido está indignado porque não fizemos amor hoje de manhã".

É difícil ser alegre em grande parte dos nossos dias, que parece tão opressiva. Mas, para a sua alegria e felicidade do seu relacionamento, pergunte-se: prefiro ser mártir ou criar uma vida inspirada? Que pequena – ou grande – atitude você pode tomar hoje em seu proveito de forma que, ao lidar com seu parceiro, você esteja cheio de luz e prazer? Uma aula de ioga? Uma caminhada matutina? Meditação? Preparar uma comida saudável? Dê a si mesmo alegria, atenção e tempo. A alegria que você mesmo tem é um presente que você dá ao relacionamento.

Perdoem-se

Perdoar é ver aquele que o ofendeu de maneira totalmente diferente, pelos olhos da caridade e do amor. É uma tarefa difícil, porém transformadora, pois o perdão instila vida nova na relação e muda a química entre vocês de rançosa para doce.

Em um sentido real, o perdão começa consigo mesmo, com a compreensão de que, apesar das suas melhores intenções, você também erra e se verá fazendo as coisas terríveis que pensou que apenas os seus inimigos fariam. Ver-se com compaixão apesar das suas falhas é o começo do perdão aos outros. Nunca conseguiremos perdoar alguém que nos feriu se primeiro não conseguirmos ser complacentes conosco sobre as próprias ofensas.

O perdão exige maturidade emocional e vontade de deslocar-se para o futuro. Perdoar é recomeçar em um lugar diferente, agir do fundo do coração como se o fato ruim nunca tivesse ocorrido. Nesse sentido, o perdão é um ato criativo; convida você a criar uma relação nova e mais consciente.

Desperte o romance

Romance é champanhe e taças geladas de amor, a magia de dançar um tango, uma fragrância que perdura na memória e a realização de uma fantasia para guardar no coração. Romance é o antídoto do comum, a inspiração da paixão; ao incluir o romance no seu relacionamento, você o eleva instantaneamente a um estado de ser mais delicioso. Com romance, você se sente lindo(a); a vida fica cheia de esperança; a lua, as estrelas e os planetas banham você com uma cascata de luz benéfica; e você acredita que tudo é possível – os seus sonhos mais doces, vigorosos e acalentados certamente se tornarão realidade.

Pelo menos é certamente assim que nos sentimos no rubor róseo de um novo romance. Mas o sentimento de romance não se acerca de nós sozinho. Com o passar do tempo, requer esforço, ingenuidade, intuição e às vezes até mesmo disposição para se sentir tolo, manter o luar mágico. Isso acontece porque, em algum lugar, sem prestar muita atenção, paramos de fazer as coisas que despertavam o romance em primeiro lugar: esquecemos de dar rosas, sussurrar doces bobagens, deixamos a luz acesa (ou apagada), trocamos a *lingerie* preta por pijamas de flanela. Resumindo, começamos a tratar um ao outro como companheiros de quarto em vez de amantes apaixonados.

Todos vocês ainda podem ter romance em sua vida, não importa o tempo em que você e seu amado estejam juntos. Só é preciso lembrar de refrigerar as taças, recordar as rosas, acender as velas e de vez em quando tocar a música que vocês ouviam quando se apaixonaram. Paixão gera intimidade, romance traz sentimentos de vínculo. Então, vamos lá – cubram a cama de lençóis vermelhos, façam um piquenique, depois dirijam até o topo da colina para assistir ao pôr-do-sol e beijem-se (e beijem-se e beijem-se...) no carro.

Faça o inesperado

Sarah surpreendeu o marido, Matt, aparecendo no escritório no aniversário dele de meias pretas arrastão, fraque e cartola, carregando um bolo e cantando "Parabéns para você".

Jim disse a Abby que precisava buscar mais filme para a câmera nova e perguntou se ela queria ir junto. Então, foi até o parque, tirou uma cesta de piquenique do bagageiro, um maravilhoso buquê de rosas vermelhas e, sob os grandes elmos, pediu-a em casamento.

Todo mundo (bem, quase todo mundo) gosta de surpresas, do inesperado surgimento do imprevisto, inusitado, do tesouro escondido, da preciosidade. A situação imprevista nos deixa fora do prumo de tanta felicidade. Então, tempere a sua vida fazendo algo completamente diferente. Jogue pétalas de gardênia sobre a cama, deixe um bilhete de amor no *freezer*, leia histórias para dormir, esconda ingressos para o circo sob o travesseiro, leve seu amado a um vidente, deixe um recado erótico secreto na secretária eletrônica dele, telefone para o trabalho dela só para dizer o quanto a ama, sirva um jantar à luz de velas na cama. Finja estar dormindo e desperte o seu cônjuge para fazer amor.

Faça o inesperado – o que quer que seja e com a maior freqüência possível – e observe como o amor se transforma da mesmice da máquina de lavar louças em faíscas de champanhe.

Seja criativo

Quando o assunto é romance, seja criativo, ainda que se sinta tímido ou embaraçado a princípio. Lembre, você não se sentiu embaraçado com todos os bilhetes e músicas de amor quando estava começando a se apaixonar. A arte do romance requer imaginação. Quanto mais os limites são expandidos, mais inventivo você se torna, especialmente se os seus esforços iniciais tiverem um resultado positivo. Quaisquer que sejam as suas preferências românticas, assegure-se de ceder a elas o máximo possível e talvez elas sugiram algumas idéias novas também. Não deixe as oportunidades escaparem. Assim como o amor que enfeitará, o romance é uma forma artística muito especial cuja recompensa é a alegria da paixão. Então, use a sua imaginação – e a sua disciplina.

Brinque, brinque, brinque

Ao brincar, sentimos a tranqüila alegria de nossos espíritos. Somos libertos dos vínculos de obrigações e responsabilidades em direção a um sentido de prazer sobre nós mesmos. Brincar permite que você reavive o sentido da criança em você, que volte a um tempo em que a vida era nova e cheia de possibilidades. Como ainda somos jovens por dentro, precisamos brincar o máximo possível.

Brincar sozinho ou com os outros – uma partida de golfe, uma aula de aeróbica, um jogo de futebol, uma partida de tênis – não é uma bobagem frívola. Brincar gera equilíbrio. É a rede segura sob a corda bamba da vida moderna; mantém-nos sãos e operantes.

Brincar sozinho é bom. Brincar juntos é melhor. Brincar com quem se ama é a principal expressão lúdica. Brincar combina as alegrias intrínsecas da brincadeira com a oportunidade de ter uma experiência totalmente relaxada (e, às vezes, uma transformação de idéias) com a pessoa que se ama. Vê-lo e estar com ele em sua maior espontaneidade, desfrutar o lado mais inocente e desarmado dela só aprofundam a sua admiração por ele, o sentido que você tem da singularidade dela. Quando fazemos o que amamos, você é você mesmo, precisamente. Além disso, bobagens compartilhadas aprofundam os laços e proporcionam coisas felizes e leves para lembrar.

"Lembra quando participamos do torneio de croquetes no Dia do Trabalho e você venceu?" "Lembra quando fomos à festa de *Halloween* dos MacIntoshes, eu de bailarina e você de gato?" "Lembra daquele verão em que jogávamos *badminton* no gramado dos fundos todas as noites depois do jantar?"

Memórias doces são um forte cimento em qualquer relação. Então, brinque sempre; brinque muito; brinque para se divertir e brinque para sempre.

Cumprimentem-se ao chegar e sair

Lembram de quando vocês se apaixonaram, que não viam a hora de se encontrar, segurar a mão dele ou beijar os lábios dela? Como se despedir era uma tortura, um sofrimento adiado o máximo possível? Só porque as chamas do novo romance se transformaram nas brasas estáveis do amor real, não significa que vocês não precisem mais da bênção de se encontrar e despedir com um ritual de amor.

Ao reunirem-se com adoráveis boas-vindas, você reconhece estar entrando novamente na presença e espírito de quem ama, e com alegria. Se, ao se despedirem, marcarem-se com o selo do amor, demonstram que consideram muito um ao outro.

Se fizer uma viagem de negócios, não arrume as malas e desapareça. Abrace seu esposo e diga que sentirá saudade. Ou, ao cruzar a porta, largue as malas e beije a sua esposa. Não entre apenas balbuciando um "voltei", indo direto para o escritório verificar a correspondência. E, se for o primeiro a chegar, não fique estirado no sofá, grudado na TV, sem uma palavra de boas-vindas. Levante, faça contato e beije. Olhem-se nos olhos.

E, acima de tudo, não o(a) receba com um "Por que demorou tanto?", "Onde você se meteu?" ou "Por que o jantar não está pronto?" Antes de abordar os fatos e exigências da vida real, *pare* e tome ciência da pessoa que escolheu para compartilhar a vida.

Se todos esses abraços e beijos parecerem tolices, lembre-se de que nunca sabemos se voltaremos a nos ver. Então, até mesmo o mais ínfimo reencontro é um pequeno milagre.

Faça várias vezes

Eu conheço uma cigana que lê a mão e responde perguntas por dez dólares. Se houver algo errado em sua vida, um desejo difícil de realizar, ela sempre pede cem dólares para acender dez velas durante dez dias e realizar o seu desejo.

Sempre me perguntei se ela realmente acende as velas ou se isso é apenas um truque para ganhar mais dinheiro; mas, de qualquer forma, ela tem razão em uma coisa: os desejos não se realizam desejando-os somente uma vez. Eles se tornam reais com esforço e atenção. Assim como a cigana acende as velas para garantir os resultados, é mantendo a chama do desejo em nosso coração e mente, em nossas emoções e ações, que os nossos desejos mais sinceros se concretizam.

É difícil mudar comportamentos. Requer prática e repetição. Isso também é verdade para os comportamentos do amor. Aprender a pensar diferente sobre a pessoa que se ama e incorporar novos comportamentos emocionais é um processo que leva tempo. Você não aprenderá as atitudes do amor em um minuto, tampouco elas serão suas simplesmente lendo este livro. Você terá de lembrar delas e colocá-las em prática repetidamente para conseguir resultados permanentes.

Os comportamentos do amor nos afetam como um alimento: quando sentimos fome, comemos e ficamos satisfeitos. Mas isso não significa que não sentiremos fome de novo, que não precisaremos ser satisfeitos de novo. Só porque lembrou de nutrir o romance ou tomar ciência das dificuldades que os seus problemas causaram uma vez, não quer dizer que o fez para sempre. Precisamos que as bênçãos e cortesias do amor se repitam várias vezes. Nenhum de nós foi tão abençoado e satisfeito a ponto de não precisar de todas as coisas boas que possamos ter.

Como um desejo ou uma obra de arte, a beleza de um relacionamento é esculpida com o tempo. O amor que deseja será seu somente com esforços constantes. Então, faça tudo isso várias vezes e o seu relacionamento com certeza florescerá muito além da sua imaginação.

4

A arte e a prática da comunicação no amor

Pratique a boa comunicação

De longe, a coisa da qual as pessoas mais reclamam em seu relacionamento é "falta de comunicação". O que realmente querem dizer é que não se percebem conhecidas a ponto de se sentirem próximas e amadas. Isso porque a maioria das pessoas não acredita que possa ser conhecida. Lá no íntimo, todos tememos ficar sozinhos no universo, sem ninguém para nos entender realmente. É por isso que precisamos de comunicação expressiva.

Ao contrário de nossas expectativas, porém, a comunicação não é apenas conversar, explicar idéias ou ter certeza de que nos ouviram. Muito mais do que imaginamos, a comunicação também é receptiva. É ouvir, ingerir, absorver e permitir-se mudar pelo que foi dito. Sem ouvir, a conversa pode ser um processo unilateral, deixando o arco da comunicação incompleto. Mas, quando o falar e o ouvir acontecem, a conversa ganha coro e ambos os parceiros sentem-se no mesmo terreno.

O ponto do vínculo profundo não é atingido apenas com o relacionamento, mas pela prática consistente da arte da comunicação nos planos intelectual, sexual e emocional.

Satisfazer à comunicação requer coragem. Requer ultrapassar o trivial em busca da verdade mais profunda de quem se é e do que se sente, e a disposição de assumir o risco de mostrar-se à outra pessoa. A verdadeira comunicação também é receptiva. Indica que você ama o suficiente para ser afetado – tocado, desafiado, transformado – pelo que ouviu.

Como a comunicação é capaz de nos unir nos níveis mais profundos e silenciosos, a verdadeira comunicação é um milagre interpessoal. Permite estar sob a pele do outro, conhecer e ser conhecido por outro ser humano. É o meio pelo qual escancaramos as janelas de nossa alma e deixamos a luz de outra alma brilhar. Se estiver buscando maior significado em seu relacionamento, pratique, arrisque e aprenda a arte da verdadeira comunicação.

Aprenda a linguagem da intimidade

Se você se imagina protegido por muitas camadas de lençóis emocionais, a intimidade representa a retirada gradual dessas camadas até estar na presença do outro com os segredos do seu coração revelados. A intimidade é alcançada a partir da comunicação que brota de nossos recônditos e também chega a eles. Quanto mais compartilhamos dessa comunicação, mais cresce a sensação de não estarmos sozinhos; de fato, maior é a sensação de que, no âmago, estamos todos profundamente ligados.

A comunicação da intimidade é uma forma artística peculiar. Tem seu próprio estilo. Ao contrário de conversas sobre negócios, que se concentram em fatos e números, ou da linguagem recreativa, que costuma ter a forma de planejamento – a que cinema ir, onde comer a melhor massa – a comunicação da intimidade surge da emoção e usa uma linguagem que é, por definição, pessoal. Usa a palavra *eu* – *Eu* preciso, *eu* sinto, *eu* estou tendo um dia difícil, *eu* amo tanto você – e enfoca sentimentos.

Na verdade, a comunicação que cria o sentido mais profundo de intimidade caracteriza-se por palavras claras, fortes e belas que expõem o que temos lá no fundo. Ao expressar seus sentimentos (ao contrário de opiniões ou idéias), você cria intimidade porque está demonstrando seu verdadeiro eu.

Você encontrará as palavras exatas para os seus sentimentos ao olhar para dentro e perguntar: O que estou sentindo? O que preciso dizer agora? Depois de ver o que sente, tente simplificar e transformar seus sentimentos em palavras simples e diretas.

Lembre: o que quer que sinta – suas esperanças secretas, seus sentimentos de vergonha ou inadequação, seus temores, sua mágoa – merece ser expresso. Ao expressar esses sentimentos em voz alta, você abre uma janela para os sensíveis corredores internos do seu ser e convida o seu amado para os iluminar. Você cria intimidade.

Amarre as pontas frouxas das suas emoções

Pontas frouxas das emoções são aquelas coisinhas irritantes que se interpõem entre você e seu parceiro: ressentimentos guardados, mágoas não curadas, conflitos irresolvidos, pequenos embaraços não mencionados, pedidos que se escondem lá atrás. Como não são ditos, estragam os laços emocionais, enevoando a claridade que vocês gostariam de ter entre si.

Ao amarrar as pontas frouxas das emoções, em vez de deixar seus conflitos e dificuldades arruinarem-se no pântano da não-expressão, vocês dão um fim a eles e fazem as pazes antes de prosseguir. Isso indica que ambos desejam e acreditam ser capazes de levar a união a um ponto de calma emocional, onde mais uma vez poderão assumir os riscos que podem aprofundar seu relacionamento.

Um relacionamento precisa de um nível consistente e firme de harmonia, um lugar seguro onde as pessoas possam assumir os riscos que estimulam o próprio crescimento e nutrir os elos que as unem. Amarrar as pontas frouxas das suas emoções é uma forma de manter esse santuário limpo.

Todos nós tendemos a deixar as coisas passarem, a esperar o que está errado se resolver sozinho ou desaparecer. Algumas coisas tornam-se convenientemente irrelevantes a tempo, mas a verdade é que não resolver os problemas emocionais também consome uma incrível quantidade de energia.

Por exemplo, Yvonne ainda estava aborrecida com Cliff sobre uma briga que tiveram na sexta-feira. Quando saíram na noite de sábado, em vez de conseguirem relaxar e aproveitar, ela estava irritada e confusa. Algo que ele dissera *en passant* – "É uma loucura o tempo que você leva ao telefone com a sua amiga Laura" – a magoara. Yvonne gostava dos papos divertidos e reconfortantes com Laura, e era assustador pensar que Cliff pudesse ter uma reação tão negativa. Mas, em vez de dizer isso a ele, ela "esperava que não fosse nada disso" ou que "ele esquecesse". Ela até pensou em fazer um comentário depreciativo sobre Ned, o melhor amigo de Cliff, da próxima vez que eles fossem jogar golfe. Mas nenhum desses esforços para resolver as coisas por debaixo dos panos funcionou. Yvonne ainda estava chateada e não abordar o assunto só estragou a noite de sábado.

Esse é um exemplo perfeito de como as pontas frouxas das emoções podem virar nós românticos. Então, em vez de criar uma forca para o seu amor, reserve tempo e atenção para resolver as questões emocionais, não importa se pareçam banais ou inconseqüentes. O amor floresce sob céu azul, e amarrar as pontas frouxas das suas emoções espanta todas as nuvens pesadas.

Observe as entrelinhas

Estava em uma festa recentemente e uma amiga querida chegou muito atrasada. Quando a abordei para abraçá-la alguns minutos depois, senti que ela não recebera o meu abraço verdadeiramente. Em vez de retribuir, ela começou a falar sobre o atraso, sem nenhuma atenção. Teve de visitar o irmão, que estava no hospital; o trânsito estava engarrafado; estava chovendo. "Onde estão os canapés?", ela perguntou por fim. "Estou faminta". Então, pus minha mão em seu ombro, olhei-a nos olhos e disse: "Sarah, você não tem de ficar tão brava". Apoiando a cabeça em meu ombro, ela disse: "Tenho tanto medo de que ele não consiga," e começou a chorar como uma criança.

Às vezes o que dizemos não é o que queremos dizer. Nossos sentimentos verdadeiros costumam ficar escondidos nos intricados espaços secretos das entrelinhas. A maioria de nós não detém a linguagem para traduzir nossos sentimentos em palavras de maneira completa e, muitas vezes, nem sequer temos certeza do que sentimos. Para a maioria de nós, expressar nossos sentimentos com precisão é extremamente difícil. Isso é especialmente verdadeiro quando o que sentimos é pesar, vulnerabilidade ou vergonha. Na presença de tais emoções, nossas palavras são traiçoeiramente imprecisas e o que revelamos com nossos olhos e corpos é uma representação muito mais fidedigna de nossa mensagem real.

Quando o amor escuta, ouve o que não foi dito com o ouvido e o coração. Então, ao ouvir os outros, preste atenção também ao que não está sendo dito em palavras. Busque os significados ocultos, os significados expressos pelos dedos agitados, o peito arfante, a testa enrugada, os olhos encobertos por lágrimas. Ouça com seu coração e olhos e responda às entrelinhas.

Nos conflitos, busque o senso comum

Quando os conflitos surgem, precisamos buscar o senso comum. No meio da briga, ao buscar o âmago da verdade que pode devolvê-lo à compreensão, você pode encontrar o caminho de volta à união.

Todos temos um lado escuro; todos já ferimos uns aos outros mais do que gostaríamos. Mas até os nossos erros valem a tentativa de compreender, porque a verdade é que até mesmo atos vis nascem da dor. Isso não os justifica, é claro, mas é importante lembrar que até as coisas ferinas que praticamos originam-se de nossas feridas internas. Quando sou capaz de compreender o seu sofrimento (e, então, o comportamento tortuoso perpetrado contra mim) e você é capaz de compreender minha dor (e, então, minha atitude errada contra você), conseguimos ficar de frente para a compaixão, solucionar os erros que cometemos e, juntos, recomeçar a partir de um ponto diferente.

Então, se lá no fundo você procura união, prazer, companhia, apoio e atenção do seu amado, não o transforme em adversário. Até mesmo na briga mais cabeluda, experimente a curiosidade e a gentileza – "Por que se atrasou?", "Por que foi tão seco comigo?" – e poderá descobrir algo surpreendente ("Fiz uma mamografia assustadora hoje"; "O cara ao meu lado na aula de ginástica caiu morto"), algo que, em vez de transformar seu amado em inimigo, encherá seu coração de compaixão.

Seja sensível aos momentos

Os relacionamentos e todos os eventos, comportamentos e ações têm seu próprio e perfeito momento. Assim como o parceiro ideal costuma aparecer somente quando você decidiu desistir de se apaixonar, em um relacionamento há momentos perfeitos para tudo, uma coreografia de momentos que podem fortalecer ou estragar a graça do seu relacionamento.

Os momentos certos são um reflexo sensível da variedade de coisas a nosso respeito: nossas histórias ("Não agüento lavar a louça após o jantar porque a minha mãe era tão compulsiva que começava a lavar a louça antes de terminarmos a sobremesa"), nosso metabolismo ("Não sou uma pessoa matutina"), nossos métodos de captar a realidade ("Eu nunca vou conseguir se você falar a respeito por uma hora; diga-me do que precisa, vou caminhar um pouco e conseguirei responder quando voltar"), nossa sensibilidade emocional ("Não consigo lidar com mais de uma reclamação por vez; meu pai costumava sentar comigo e ler uma lista de todos os erros que havia cometido na semana") e nossas manias ("Não sei por que só acordo às 4 da manhã").

Ser sensível aos momentos certos adiciona graça a qualquer união. Se, juntos, vocês não cultivarem essa sensibilidade, ficarão continuamente presos às diferenças nas suas estruturas de tempo, dizendo a coisa carregada de emoção em momento desfavorável ou geralmente sofrendo na esfera do tempo. Inversamente, ao aprender a escolher o momento perfeito – dizer as palavras tocantes, presentear com o anel de safira – você transformará a sua relação em uma apresentação belamente coreografada da linda dança do seu amor.

Diga palavras de amor

Todos precisam ouvir o quanto e precisamente por que são amados. Mesmo depois de ter sido escolhido, mesmo depois de ter atado o nó, você ainda precisa de confirmação verbal de que é amado.

Precisamos ser benquistos, sentir que somos especiais, agradáveis, preciosos, insubstituíveis a quem amamos. Queremos ser destacados, ouvir que somos amados acima de tudo pela pessoa que nos escolheu.

Costumamos pensar que sentir algo por alguém é tão bom quanto dizê-lo, mas não é. Não cometa esse erro – palavras significam muito a todos nós. Todos temos uma enorme coleção de inseguranças e nenhum de nós é tão seguro, tão certo em nossas convicções sobre o próprio valor a ponto de não precisar da inspiração de ouvir de alguma forma, várias vezes, exatamente por que, como e o quanto somos amados.

Precisamos ouvir e as palavras precisam ser sinceras. Não existe comparação entre o abstrato "É claro que amo você" e o direto "Amo você", entre o silêncio e "Você é a luz da minha vida; Quero estar com você para sempre".

Embora alguns considerem piegas, nas camadas delicadas até mesmo do mais frio dos corações existe um amante que deseja ser adorado. Existe um romântico oculto em cada um de nós, aquele que se apaixonou, que foi tantalizado pela música e pelo luar, que esperou ofegante ouvir as palavras que anunciavam um novo amor: "Adoro você. Não posso viver sem você". E não é – nem nunca será – suficiente. Mesmo se pudéssemos, não queremos ter de conservar a fé no amor. Queremos que nosso coração seja preenchido ao ouvir palavras de amor várias vezes.

Palavras de amor são um tônico para o amor, um elixir para a paixão, um bálsamo medicinal para o romance enfraquecido. A vida está infestada de mediocridade e não há nenhum motivo para o amor também estar. As palavras são as asas do romance, a maneira pela qual, mais do que qualquer outra, nós extrapolamos o comum e corriqueiro. Nada pode sustentar melhor o ritmo do romance do que belas palavras de amor ditas com generosidade e infinitude. Encontre as palavras que expressem o seu amor e fale-as.

Briguem bem, briguem com justiça

Não existe relacionamento sem conflito – e um relacionamento é tão bom quanto a quantidade de conflitos que consegue suportar. É muito comum que casais em relacionamentos tranqüilos tenham medo de testar a resiliência da relação, camuflando as suas verdadeiras diferenças ou suprimindo tanto a sua individualidade que as diferenças parecem invisíveis.

Muitos de nós tememos o conflito simplesmente porque não sabemos brigar. Receamos que a nossa raiva escape, que percamos o controle, tornando-nos cruéis ou até mesmo fisicamente destrutivos. Também tememos a raiva da outra pessoa – será que ele(a) vai gritar, atirar as coisas, bater a porta ou sair? Boa notícia: é possível manifestar a raiva de forma construtiva, e o sinal de uma boa briga é que ela faz os dois sentirem que descobriram algo, que se conhecem melhor. Ainda que briguem repetidamente pelas mesmas coisas (e a maioria de nós faz isso), uma boa briga dá esperança sobre o futuro porque, depois dela, você sabe que adquiriu idéias sobre algo que antes espantava ou frustrava você.

Isto pode ajudar:

• Tente ver por que está com raiva. Geralmente, é algo bem específico: "Porque você não ligou", não "Porque a vida é triste".

• Diga o que sente e por quê: "Tenho raiva por você não telefonar porque faz com que me sinta desprezada".

• Diga do que precisa como recompensa: "Preciso que peça desculpas".

• Depois que seu(sua) parceiro(a) tiver se desculpado, pergunte a você e a ele(a) se você se sente totalmente resolvido(a).

• Beijem-se e façam as pazes.

Por exemplo: "Estou com raiva de você por ter gritado comigo quando queimei a torrada. Você me deixou constrangido na frente da Kay. O fato de ela ter ouvido você falar daquele jeito comigo fez com que me sentisse menosprezada. Preciso que você se desculpe".

"Desculpe, querida. Estava com pressa de manhã e ansioso com aquela reunião importante. Estava fora de mim. Não quero que se sinta assim. Perdoe-me."

É claro que isso ganharia o Oscar da "Briga Mais Civilizada" e, com os seus sentimentos fortes e senso de frustração pelo número de vezes que o fato odioso aconteceu, sem mencionar a sua humanidade crua, provavelmente você nem sempre será capaz de demonstrar tanta graciosidade. De qualquer forma, tente lembrar:

- Uma boa briga não é um vale-tudo. Não diga tudo o que tiver vontade, ainda que tenha uma queixa legítima. Lembre-se de que as palavras podem ferir e, depois da briga, você não vai querer um companheiro machucado.
- Seja específico sobre as queixas. Não despeje todos os pesares que existem desde o início.
- Deixe as palavras da outra pessoa amadurecerem antes de puxar o porrete. Lembre, vocês estão brigando para aprender algo, para ter novas idéias, além de uma resolução imediata.
- Seja tolerante consigo e com o seu amado quando não agir com perfeição.

Para os homens: parem de se comunicar em códigos

A comunicação verbal representa o denominador comum mais vasto das interações humanas. Tanto o homem quanto a mulher usam a linguagem para conduzir seus assuntos, sejam eles emocionais ou mais amplos, além de transações mais complexas do governo do mundo. Para a maioria, todos nós sabemos o significado de determinada palavra e, por causa dos seus significados acordados, geralmente é muito mais fácil interpretar palavras do que ações. De certa forma, as palavras são o código universal da comunicação. Os homens, porém, têm várias maneiras não-verbais de se comunicar. O sexo, é claro, é uma delas. Dar flores também, consertar a máquina de lavar, bater a porta e dar uma volta pelo quarteirão antes de continuar a conversa. É o que chamo de comunicação em código.

Embora a comunicação em código encerre significados emocionais que as mulheres devem aprender a adivinhar, também é verdade que, na maior parte do tempo, ambos os parceiros precisam usar palavras, o meio preferido de comunicação das mulheres. A comunicação em código nunca é capaz de cobrir a extensão nem se igualar ao poder, complexidade e beleza que podem ser criados pelo uso da linguagem. Se os homens querem ter relacionamentos realmente satisfatórios com as mulheres, embora seja difícil, terão de começar a se arriscar e sair da posição puramente masculina de se comunicar em código e começar a praticar a arte da expressão verbal direta que, como as mulheres sabem, é gratificante.

Vamos lá, rapazes! Comecem a falar.

Aprenda a dizer o que sente

Os sentimentos residem em nós como um rio e passam pelo consciente em um fluxo contínuo. Revelar os seus fluxos emocionais ao seu amado é uma forma de continuar a se fazer amado e surpreender o parceiro. Costumamos pensar que a intimidade é criada meramente se apaixonando ou pelo que fazemos, planejamos, compramos ou buscamos juntos. Mas, na verdade, é o conhecimento do outro através da textura complexa das emoções que nos faz sentir realmente ligados. Na verdade, uma relação íntima, em seu âmago, é um processo de elevar sentimentos.

É a revelação dos sentimentos que continua a aprofundar nosso nível de intimidade com o outro. Pois é em nossos sentimentos, nossa capacidade de sermos agradados e decepcionados, lamentar, temer, desejar, sentir as perdas que mergulhamos na corrente humana comum e nos conectamos no mais profundo nível. É por isso que, ao dizer o que sente, o seu parceiro descobre-se através de você.

Se for difícil expressar suas emoções, o que você precisa saber é que vale a pena entrar nessas águas curiosamente estranhas e descobrir os tesouros das suas profundezas. Não apenas o seu parceiro apreciará se conectar com você dessa maneira, mas a experiência de descobrir e identificar seus sentimentos proporcionará um senso maior de riqueza sobre a sua própria vida interior. Assim, deixe aquele que você ama penetrar na corrente subterrânea dos seus sentimentos para ele agradar você, para ela amar você ainda mais, começando a dizer, com exatidão e sempre, o que estiver em seu coração e mente.

Comece a pedir o que precisa

Pedir o que precisa é só isto: dizer que há algo errado que precisa de cuidado ou atenção. "Pode fechar a janela? Estou congelando". "Abrace-me; tenho medo". "Pode me fazer uma massagem nas costas? Meu ombro está doendo." Pedir o que se precisa é uma coisa simples, porém difícil, que a maioria de nós raramente ou nunca faz. Na verdade, é tão difícil (ou fácil) que a maioria de nós tenta fazer qualquer outra coisa, e não pedir simples e diretamente o que precisamos. Preferimos presumir que o nosso parceiro saberá sem dizermos ou esperamos que, no momento certo, nosso cônjuge entenda por osmose. Costumamos até desistir logo de ter o que precisamos em vez de pedir.

Não gostamos de pedir porque consideramos o pedir como demonstração de carência – e é isso mesmo. Pedir significa que estamos vulneráveis e esperando que o outro tenha o cuidado suficiente de nos servir em nossa condição lastimável, imperfeita e inadequada.

Pedir o que precisamos revela a verdadeira fragilidade da nossa humanidade e convida quem nos ama a expandir os próprios limites. Atender a um pedido não apenas dá à pessoa que precisa o alívio de ter sua necessidade atendida, mas também àquele que atende o sentido de ser capaz de ser útil, de oferecer um presente valioso. Nessas ocasiões, os dois são compelidos a expandir os limites de amor e humanidade. Pode parecer estranho, mas comece a pedir o que precisa – você pode conseguir.

Deixe de ser um covarde emocional

Muitos de nós somos covardes emocionais, com medo de comunicar o que realmente sentimos. Os covardes emocionais têm medo de serem ignorados, serem motivo de deboche, ridicularizados ao revelarem o que sentem. Então, em vez de assumir o risco de despejar tudo, seja o que for, ficam quietos. Costumam até defender essa postura fechada, alegando que falar sobre sentimentos nunca é bom.

A covardia emocional tem origens antigas e tristes. Começa quando não nos ouvem na infância, quando diziam que nossas palavras não tinham importância ou quando sentíamos que ninguém poderia sentir conosco nossa angústia pessoal. Esse sentimento nos assustava. E o medo nos ensinou a guardar nossos pensamentos e sentimentos.

Se for um covarde emocional, você não tem medo apenas de contar os grandes segredos. Muitos de nós não nos sentimos à vontade nem para dizer qualquer coisa que possa ser interpretada como levemente confrontante. "Não quero ir jantar no Taj Mahal Café, quero ir ao Bean Sprout Club". "Estou aborrecido com você porque não fizemos amor ontem à noite". Mas é claro que são exatamente as coisas que você tem medo de dizer ao(à) seu(sua) amado(a) que mostrarão a ele(a) quem você realmente é.

Veja como deixar de ser um covarde emocional: sempre que tiver a desconcertante sensação causada por não dizer o que pensa, experimente perguntar a si mesmo: O que eu não estou dizendo? Geralmente, as palavras estão bem na sua cabeça, como aqueles balões de histórias em quadrinhos. Depois, pergunte-se: Por que não digo *agora*? Talvez haja um bom motivo – ele acabou de ser demitido, as crianças estão chorando, você tem de sair em cinco minutos para uma reunião de negócios, sua sogra está ao telefone. Nesses casos, provavelmente será melhor deixar os comentários para depois. Mas, se não houver um motivo bom e prático para não falar *agora*, abra a boca e solte as palavras que estão loucas para sair. Você se sentirá melhor e dará o primeiro passo em direção à bravura emocional. Então, comece a arriscar agora.

Guarde suas críticas

Todos nós fazemos coisas que nada têm de perfeitas – alguns falam muito rápido ou interrompem constantemente; outros estão sempre atrasados, são desleixados com a limpeza da casa ou perfeccionistas com os hábitos de trabalho. As coisas erradas que fazemos já são constrangimentos suficientes, então não precisamos ser lembrados delas em público.

Registrar reclamações aparentemente inocentes ou pequenas, como "Você nunca lembra de jogar o lixo fora" ou "Você sempre derrama coisas nas roupas novas; você é um bagunceiro" até mesmo jocosamente na presença de amigos, convidados para o jantar, do encanador, sua tia ou sogra degrada a essência do outro. Faz com que ele(a) se sinta pequeno(a), sem valor e punido(a) na presença de pessoas para quem ele(a) gostaria de parecer íntegro(a), eficiente e valoroso(a).

E tampouco acrescenta algo à solidificação do relacionamento. Você sentiria vontade de ajudar a sua esposa a tirar o carro da garagem se, ao aparecer no escritório dela, ela dissesse na frente do chefe que não acredita no tempo que você demorou para chegar lá?

Reprimendas sempre remetem dolorosamente à infância. Aludem a um melancólico senso de inadequação e sentimentos de impotência que eram o traço peculiar de ser pequeno e estar à mercê dos pais. Por isso, é duplamente doloroso ser lembrado de nossas falhas, defeitos e imperfeições na frente de qualquer pessoa que não seja o parceiro, o qual, assim esperamos, tentará entender e perdoar.

É verdade que todos nós temos pequenas e estranhas inadequações que merecem comentários e, ao serem mencionadas particularmente, podemos nos inspirar a mudar. Na verdade, a crítica, assim como o estímulo, podem moldar a direção de nosso caminho, tendo, então, uma função maravilhosamente criativa.

Mas quando a crítica é feita em público, diminui nossa dignidade e, longe de corrigir o que precisa ser melhorado, nos torna ariscos e temerosos. Ao invés de serem um convite à mudança, as reprimendas inibem o espírito. Preserve o seu amor, ficando graciosamente silencioso sobre o que desejaria corrigir até estarem nos braços um do outro, em particular.

Segure a língua

Após anos de trabalho árduo e paciência infinita de Jana ajudando a pesquisar e digitar a sua tese de doutorado, John descuidadamente disse a ela em uma briga: "Quem precisa de você? Você nunca fez nada por mim". Jana ficou arrasada. Depois, ela me disse que sentiu como se uma bomba tivesse explodido dentro dela. Ela foi para o quarto, pegou uma mala, separou algumas roupas e foi para um hotel. Foram meses de negociações e terapia até que ela e John conseguissem se reconciliar.

A moral da história? Tome cuidado com o que diz. Estar chateado não é desculpa para perder a cabeça em uma briga e assassinar o caráter de quem se ama. Paus e pedras podem quebrar ossos, mas palavras sempre têm o potencial de provocar feridas profundas e às vezes até mesmo irreversíveis. Comentários sobre a inteligência, o corpo, valor ou capacidade de amar de alguém (sem mencionar comparações com namorados, parceiros ou cônjuges anteriores) podem, de fato, estremecer o parceiro. Não gostamos de pensar que algo dito com raiva poderia ter um efeito duradouro, mas pode. Comentários desagradáveis podem ser tão devastadores a ponto de arruinar a auto-estima do outro permanentemente ou prejudicar irrevogavelmente a boa vontade do seu relacionamento.

Então, evite comentários malévolos gratuitos. "Bem, vá pedir o divórcio." "Você nunca me amou mesmo." "Você nunca me entendeu." "Você é muito gordo." "Vou voltar para o John. Pelo menos ele sabia fazer amor."

Saibamos ou não, todos nós temos um tipo de sexto sentido cruel sobre as palavras que realmente podem devastar nossos parceiros. Todos nós conhecemos o ponto sensível e vulnerável, o calcanhar de Aquiles espiritual onde ele(a) pode ser mortalmente ferido(a). É por isso que precisamos segurar a língua. Pense duas ou dez vezes, conte até dez ou mil antes de dizer o que poderia devastar o parceiro.

Desculpe-se, desculpe-se e desculpe-se

Na verdade é muito simples, mas difícil de fazer. Quando errar, peça desculpas: "Desculpe. Você tem razão. Esqueci de ir buscar as roupas lavadas a seco. Desculpe." "Desculpe ter gritado. Sei que assustei você." "Desculpe eu não ter escutado. Quero ouvir o que você diz."

Reconhecer suas falhas como pessoa e também seus erros específicos – os pequenos e grandes, aquelas coisinhas podres que faz ou deixa de fazer – é a grande vassoura de um bom relacionamento. Limpa os restos do caminho que leva ao coração do seu amado, um caminho que facilmente pode ficar confuso com pequenos e perturbantes ressentimentos. Desculpar-se é uma forma de estar atualizado com o relacionamento, de assegurar que vocês dois não estão se amando através de uma janela tão embaçada por reclamações antigas que é impossível ver ou ser visto com clareza.

Desculpar-se consiste em três partes essenciais: nomear seus crimes, pedir desculpas e pedir perdão. Difere radicalmente de ficar na defensiva. Quando ficamos na defensiva, tornamo-nos advogados em causa própria: "Fiz isso porque...," "Não queria fazer isso," "Ele(a) me obrigou a fazer isso," "Está tudo na sua cabeça," "Não foi nada demais."

Todas essas posturas defensivas têm o efeito de turvar as águas emocionais. Obscurecem nossos verdadeiros defeitos, falhas e erros, exigindo que sejamos amados superficialmente – no nível do auto-engodo – e não na profundidade da nossa integridade emocional. Quando confessamos nossos erros francamente, pedimos para ser amados na medida plena de nossa humanidade, embora imperfeita. E, ao revelarmos essa humanidade, expandimos mágica e instantaneamente a qualidade de nossos relacionamentos.

Fale sobre seus temores

Em um relacionamento íntimo não há pontos extras por ficar bravo. Na verdade, a braveza é falsa, a antítese da intimidade. Para ter um relacionamento realmente importante, você precisa estar disposto a falar sobre o que teme.

Por inúmeras razões, todos temos vergonha de ter medo. Os homens, em especial, são ensinados que o medo é coisa de maricas e que, quando finalmente resolvermos o problema, teremos transcendido nossos temores.

A verdade é que nossos medos provêm de pontos muito sensíveis em nós, áreas onde fomos feridos, onde não amadurecemos, onde não somos emocionalmente resilientes o suficiente para nos sentirmos fortes em face de coisas assustadoras que a vida expõe a nós. Nossos medos são vários, como o medo insignificante de aranhas ou o medo de nossa própria mortalidade. Mas, não importa o quão inconseqüentes ou avassaladores sejam os seus medos, são amostras do frágil interior da sua psique. Ao revelá-los, você dará ao parceiro acesso aos locais onde precisa de atenção; onde, por causa das suas vulnerabilidades, você mais precisa de amor.

Revelar seus temores é um ato de abertura que conta na resposta amorosa. É um elogio ao parceiro, porque diz: "Sei que você me ama o suficiente para me deixar mostrar a minha fraqueza e eu confio que você será cuidadoso comigo." Então, assuma o risco de revelar seus medos, e as suas revelações serão duplamente abençoadas. Abençoarão você, porque se aliviará dos seus temores, e o seu amado será abençoado com a chance de consolar você.

Conte a sua história

Se estiver em um relacionamento há muito tempo, você poderá achar que conhece o seu parceiro. É claro que todos nós conhecemos várias coisas um do outro quando estamos em um relacionamento, mas é somente quando contamos nossa história – as tocantes vinhetas que ilustram nossas lutas, momentos de doçura, decepções ou grandes esperanças e sonhos – que o nosso eu mais vulnerável é revelado. Na verdade, se não contarmos nossa história ao outro, seremos unidimensionais, telas em branco onde projetamos nossas suposições sobre o outro.

Todo mundo tem uma história e, então, ao ouvir a história do outro, sentimo-nos repentinamente conectados. A história é o grande rio que corta a paisagem humana, e nossas histórias individuais são os riachos que fluem em nós todos para se juntar ao rio em sua fonte. Ao contar sua história, você se abre ao nível de fragilidade que compartilhamos, como seres humanos, pois, não importa o quanto nossas histórias sejam diferentes, no fundo de cada um existe um poço onde provamos a dor.

Conte sua história ao seu amado – o evento mais doloroso da infância, o momento mais excitante, o maior arrependimento da sua vida adulta – e você descobrirá, em profundidade, um eu que não conhecia. Isso porque, nas entrelinhas das suas histórias, a essência das coisas vem à tona, não meramente os fatos, mas os sentimentos que moldaram você, o ponto, na jornada de qualquer um, de onde não havia mais volta. Suas histórias são seu eu verdadeiro pronunciado e dito, nascido oportunamente e em sua própria linguagem, uma dádiva de revelação profunda que você pode dar a quem ama.

Compartilhe seus sonhos

Os seus sonhos, sejam os que você tem à noite ou as esperanças e aspirações de sua vida, representam algumas das mais profundas, protegidas e preciosas partes de si mesmo. Como são tão particulares, no momento em que você os compartilha, cria intimidade.

As imagens oriundas do sono são um mapa do seu eu sem censura. São mensagens para você e sobre você provenientes dos mais profundos recônditos do seu inconsciente. Na linguagem enigmática dos seus próprios símbolos particulares, revelam os segredos que você guarda até de si mesmo.

Contar os seus sonhos ao seu amado é um ato de partilha, pois, ao abrir a porta ao seu inconsciente dessa maneira, você está permitindo que a pessoa a quem ama encontre você em um local especial e aberto, o lugar da magia, geralmente além do senso comum ou até das palavras. Quer seus sonhos façam sentido ou não para você ou seu parceiro (e não precisa ser Sigmund Freud para captar ao menos alguns dos seus significados), ter uma visão do(a) seu(sua) amado(a) por esse espelho misterioso é ser levado à privacidade espiritual dele(a).

O mesmo se aplica aos sonhos que são suas aspirações. Ao revelar suas esperanças e desejos, você imediatamente se torna mais elevado e vulnerável. Ao dizer o que deseja, você também revela como pode ser decepcionado. O fato de que você sempre quis ser uma bailarina (e não consegue sequer cruzar a sala de estar sem esbarrar na mesa de café) é algo que você não deseja que todos saibam, mas dizê-lo a quem você ama é uma forma de revelar uma parte sensível de si mesmo.

Nenhum de nós é capaz de realizar todos os sonhos – a vida não é tão longa. E todos nós temos mais talentos do que tempo para explorá-los. Embora de alguma forma percebamos que isso é verdade, também existe um senso de perda vinculado ao abandono até mesmo dos nossos sonhos mais ridículos. Ao compartilhar seus sonhos irrealizados, você está pedindo ao seu amado que ame você não somente por quem é, mas também por quem gostaria de ter sido.

Revelar os sonhos também é um ato de confiança. Significa acreditar que a pessoa que ama você pode vê-lo em sua essência secreta sem ficar horrorizada ou envergonhada. Então, assuma o risco de compartilhar seus segredos mais íntimos e saiba que, se as suas aspirações virarem cinzas, a pessoa que você ama ainda estará por perto para confortá-lo.

Tenha a coragem de dizer não

Na vida e no amor, somos definidos não apenas por nossa fortaleza para enfrentar as coisas, mas também pela coragem de resistir. No filme antigo *Vício maldito* um homem e uma mulher caem em uma vertiginosa espiral de alcoolismo, um encorajando o outro o tempo todo. Por fim, o homem diz "Não" a si mesmo e, finalmente, à sua esposa.

Nem sempre a vida pede condenações tão intensas, tampouco o caminho aos nossos "nãos" é sempre tão doloroso. Mas todos nós precisamos dizer não a certas coisas – para nós e em nosso relacionamento – ou seguir uma direção que não é das melhores.

Às vezes esses "nãos" são pequenos e simples, uma mera declaração de preferência que é uma afirmação tranqüila do seu direito de ser você mesmo: "Não quero ir ao *show* mais tarde. Ficaria muito cansado para trabalhar amanhã." "Não quero sobremesa." "Não quero ir à festa." Às vezes exigem mais força, que uma postura seja assumida: "Não quero comprar...; já temos muitas dívidas." Às vezes envolvem questões de vida e morte: "Não vou faltar à reunião do AA só porque você gostaria que eu ficasse em casa nas noites de terça."

Ter a coragem de dizer "não" significa que você confia em si mesmo e na relação. Significa acreditar que o seu par tem força e resiliência para absorver o seu "não", além do poder para, conseqüentemente, crescer – em bem-estar, em fortaleza moral. Ao dizer "não", você exerce a fé de que vocês dois, juntos, podem vivenciar os valores representados pelo seu "não", reconhecer que esses valores elevarão você acima do nível incorporado pelas coisas a que você escolhe resistir.

Um "não" é uma opção pelo bom, verdadeiro e belo e, nos relacionamentos, pelo poder, pela beleza e possibilidades da relação propriamente dita. Tenha a coragem de dizer "não"!

Busque o ponto de libertação

O ponto de libertação é aquele belo momento em qualquer encontro pessoal ou experiência de vida em que chegamos a um estado de resolução sobre o que nos incomodou, violou ou deteve; e ficamos livres para passar ao próximo nível de nosso descobrimento.

Chegar ao ponto de libertação não é fácil. Queremos ser magicamente retirados do conflito, seja ele qual for: a discussão horrível, repetitiva, aparentemente insolúvel; o trabalho detestável; o torturante sentimento de insegurança; determinada irritação crônica (o atraso dele, a risada estridente dela); o sentimento vago de alienação ao qual, em geral, estamos sujeitos calados por viver em um mundo tão volúvel. Queremos alcançar o ponto de libertação, mas geralmente não queremos pagar o preço, que é imergir no problema, e não contorná-lo, seja ele qual for.

Para chegar ao ponto de exclamar "Ufa! Saí do inferno!" precisamos estar dispostos a engatinhar emocionalmente para chegar ao destino. Em um relacionamento, isso significa estar disposto a brigar (com medo da sua raiva ou não); iniciar a discussão (sentindo-se tolo ou não); dizer o que precisa (ainda que ele não seja capaz de dar o que você pediu); ou negociar (ainda que você nunca tenha sido capaz de concordar com essa questão antes).

É depois de ter passado por tudo isso – ter dito o que é tão difícil, tomado a decisão que parecia impossível, ter brigado da forma que pensava ser prejudicial ao relacionamento, manifestado as carências que tinha certeza de que nunca seriam preenchidas – que você finalmente poderá atingir o ponto de libertação. Misticamente, é surpreendente como, às vezes, depois de ter desistido até mesmo de acreditar que esse ponto pudesse existir, você toma uma resolução que parecia impossível alguns momentos antes.

Chegar lá requer coragem, prática e vontade. Mas vale a pena. Comece agora dizendo a si mesmo que esse ponto existe – é um destino real – e depois faça o que for necessário, não importa que obstáculos tiver de vencer ou muros que precisar derrubar, até que, vitorioso, aliviado, transformado, você chega... ao ponto de libertação.

Exponha o seu cenário de amor secreto

Cada um de nós tem um cenário de amor secreto, uma fantasia sobre o que nos faria sentir realmente amados. Representa a realização do desejo de nosso coração, as coisas que acreditamos que nunca poderiam ocorrer, mas em nossa mais profunda esperança acontecerão de qualquer jeito. Sejam quais forem os componentes mágicos, costumam ser tão secretos que nem mesmo os identificamos conscientemente.

Expor o seu cenário secreto é deixar você e a pessoa amada saberem com exatidão das coisas que fariam você se sentir amado e especial, seja um objeto (os tacos de golfe com monogramas), uma atitude (infinitas palavras adoráveis), um clima (o tipo certo de música) ou uma preferência sensual (a maneira precisa que você adoraria fazer amor).

Pode incluir o sonho de uma ocasião especial ou pode se referir a um estilo de vida, um conjunto especial de circunstâncias ou uma forma emocional de ser: "O que me faria sentir realmente amado seria a mulher da minha vida dormir a noite toda com a cabeça em meu peito. Toda noite"; "Quero uma festa de aniversário no jardim – roupas brancas, lanternas nas árvores, uma banda tocando músicas de Count Basie ao fundo"; "Sempre quis uma mulher que me visse jogar pólo"; "Sempre quis ir a Paris com a pessoa que amasse."

Seja quais forem seus traços particulares, a pessoa que ama você precisa conhecê-los. Nossas fantasias nem sempre podem ser realizadas, mas as chances de concretizá-las imediatamente caem para zero se não falarmos quais são elas.

Permitir-se descobrir o próprio cenário e assumir o risco de revelá-lo é o primeiro passo para a sua realização, pois, quando a pessoa que ama você começar a conhecer o desejo do seu coração, ele(a) poderá dar início à sua realização. Talvez ele não possa pagar tantas rosas neste momento, mas pode dar a primeira dúzia agora e lembrar de trazer o resto quando tiver condições. Então, dê uma chance a ele. Diga a quem ama com exatidão, precisão e sempre o que faz você se sentir amado.

5
Elevando o seu relacionamento

Reestruture o seu relacionamento

Há momentos em que todos nós vivenciamos impasses terríveis em nosso relacionamento – brigas constantes, teimosias que não levam a nada, hábitos irritantes que quase nos enlouquecem. Quando estamos no meio disso tudo, sentimo-nos bravos, amargos e paralisados. Em nossa mente, recitamos as maneiras pelas quais fomos ofendidos, como ele(a) foi terrível, o quanto não há esperança para o relacionamento.

A verdade é que todos nós fomos ofendidos; e coisas aparentemente insuportáveis acontecem. Há problemas em nosso relacionamento sobre os quais andamos em círculos e, não importa o quanto trabalhemos, negociemos, conversemos ou tentemos resolver, não parecemos progredir muito.

Nesses momentos, você pode se sentir realmente desencorajado ou enxergar seu relacionamento através de um prisma diferente. Em vez de enxergá-lo como se existisse para satisfazer seus caprichos, você pode elevá-lo a um nível espiritual e perguntar-se o que está sendo convidado a aprender. Se encarasse o problema como lição, o que ele teria a ensinar? Se pensasse nele como um desvio divinamente ordenado, do que estaria salvando você? Se o interpretasse como um convite a crescer em alguma nova direção, qual seria? Elevando-o ao nível espiritual, é possível começar a ver tudo o que ocorrer em seu relacionamento como uma oportunidade de crescimento espiritual.

Isso porque aquilo que está acontecendo em um relacionamento está ocorrendo simultaneamente nos níveis emocional e espiritual. Ao encará-lo somente de uma perspectiva psicológica, você pode acabar andando em círculos em um emaranhado de problemas não resolvidos. Mas, ao elevar o problema ao nível espiritual e deixá-lo ascender até onde a luz brilhante da verdade possa brilhar, você verá, eu garanto, algo bem diferente. Ao invés de concentrar-se na perturbação do momento como a novidade da semana em matéria de situação sem esperança, você verá que todos os eventos do seu relacionamento são algo que apareceu para expandir, informar ou refinar você. Ao contrário de ficar se culpando – ou culpando seu amado – pelas dificuldades que inevitavelmente transpiram, você as verá como a serviço de um objetivo superior – o desenvolvimento da alma.

Ao passar ao nível espiritual, você reconhece lições ao invés de culpa por erros e desacertos. Você não vê mais seu companheiro como aquele que não conseguiu realizar suas esperanças e sonhos, mas como a pessoa cujo trabalho espiritual é incorporar as frustrações que possibilitaram a você (brigando e lutando contra elas) desenvolver sua maturidade espiritual. Isso também facilitará o nível emocional, porque, ao sentir compaixão em vez de julgar – você e seu amado –, os seus relacionamentos passarão a ser mais agradáveis, profundos e graciosos.

Veja os seus relacionamentos como parte do amor infinito

Há muitas maneiras de vivenciar o amor em nossa vida – o amor como dever, como um homem em relação à pátria; como prazer, como na flor da amizade; como paixão e êxtase, como nos romances; ou como compromisso, como em todas as vicissitudes de nossos relacionamentos íntimos. E todos esses são faces, miniaturas e incorporações particulares do Amor sem face, infinitamente gracioso, perenemente bondoso que é a energia através da qual todos nós vivemos e respiramos.

De fato, todo o amor de que precisamos, conhecemos, buscamos e fazemos é apenas um cartão postal da paisagem do Amor Infinito. Podemos descobrir nosso laço com esse amor infinito e sem fronteiras através de momentos particulares e elevados de amor em nossa vida, como quando nos apaixonamos ou uma criança nasce. E, se estivermos dispostos a escancarar nosso coração em tais momentos, repentinamente compreendemos que nós não somos apenas participantes, mas autores desse amor. É aí que nossos relacionamentos humanos tornam-se radiantes e iluminados, o cálice sagrado onde podemos provar o amor verdadeiramente divino.

Deite sobre pétalas de rosa

Não seria maravilhoso se você pudesse dizer: "Venha deitar comigo sobre pétalas de rosa" – se tivesse pétalas de rosa para deitar por cima, se tivesse tempo suficiente para deitar sobre elas, se tivesse uma bela imaginação para sussurrar essas palavras em primeiro lugar?

Ser capaz de dizer essas palavras implicaria que coisas maravilhosas já tivessem acontecido com você – que o seu espírito já estivesse livre, que o seu coração estivesse aberto e límpido, que já houvesse sido tocado tão profundamente, com tanto amor, por alguém com quem você sentisse vontade de deitar em uma cama de pétalas de rosa, que arrumou sua vida, seu dia, seu jeito de ser de forma que, na verdade, você pudesse compartilhar o seu convite sábio e extravagante.

Dizer "Venha deitar comigo sobre pétalas de rosa" significaria que você tem a coragem de perguntar, arriscar, ser tolo, esperar e aguardar, querer, imaginar com loucura, sonhar com magia. Lembre: não há tempo como este momento. Não há palavras mais especiais do que aquelas que você sente vontade de pronunciar, não há risco que mais valha a pena do que aquele que você imagina assumir, para levar você mais longe, com mais profundidade até a doce glória do amor.

Reconheça os anseios do seu espírito

Somos espíritos, visitantes, exploradores aqui na Terra que adentraram a vida fantasiados de humanos. Estamos aqui porque escolhemos, porque não teríamos perdido a chance, porque a vida é uma dádiva – e muito bonita.

Mas, como espíritos, também ficamos um pouco tristes, ambivalentes sobre as obrigações desta vida e do mundo material, porque o espírito é livre. Não tem substância nem conteúdo, projetos ou obrigações. A sua essência é pura; seu objetivo é o puro existir. Quando o espírito se une à matéria e nos tornamos seres humanos, nossa alma ainda retém a memória do que era viver em absoluta liberdade, antes que o confinamento da incorporação, do intelecto e da personalidade restringisse nossa essência atemporal e radiante.

É por isso que levamos, lá no fundo de nós, o anseio por algo indizível, uma maneira, um lugar e uma graça de viver que parecem nos iludir infinitamente. Como um sonho cujas imagens desaparecem logo antes de acordar, como a paixão cujos momentos mais belos não podem ser guardados nem cristalizados, como o som de música ao longe, lembramos de maneira evanescente da vida de puro espírito que vivíamos antes de nascer.

É essa recordação que às vezes nos faz sentir tristes com a condição meramente humana. Amamos as coisas lindas deste mundo, mas elas nunca preenchem nosso espírito plenamente. Nossos corpos são magníficos: catalisam as grandes alegrias da paixão, mas desaparecem como uma casca, no fim; sabemos que o corpo não somos nós, que nós não somos o corpo. Preenchemos a vida com os compromissos humanos familiares – carreiras, conquistas, profissões – e nossas criações inteligentes e engenhosas – obras de arte, música de todo tipo e toda ordem, dança – e nossos espíritos se comovem... lembram... ainda não estando estáticos pelo que dissemos e fizemos.

Essa insatisfação trivial, porém contínua, que sentimos constantemente em relação à vida, não importa o quanto pareça bela e grandiosa ou o quão belamente a tivermos construído, é o sinal de nossa verdadeira essência, pois somos feitos de espírito. E o espírito não tem fronteiras, é um sopro no vasto vento alvo da alma infinita. Nosso descontentamento é seu sussurro, chamando-nos de volta ao real além do real, lembrando-nos de onde viemos, atraindo-nos de volta para casa.

Descubra o amor nas funções que mudam

No processo que já chamamos de liberação feminina, as mulheres lutaram para encontrar seu lugar no "mundo masculino" e esse longo e cansativo empurrão em direção à igualdade ocasionou certa quantidade do que podemos chamar de poder masculino. Ainda que a mulher não ocupe posições iguais nos escalões mais altos da sociedade, é verdade que, como sociedade, nossas atitudes sobre a mulher mudaram. Agora acreditamos que a mulher merece estar em pé de igualdade, quer sempre concedamos a igualdade ou não. Em todos os níveis, a mulher infiltrou-se no mundo tradicionalmente dominado pelo homem.

Infelizmente, no processo, nem o homem nem a mulher perceberam como o homem pode viver em relação a tais mudanças. E, no que tange aos homens, eles ainda estão tentando redefinir-se nessas circunstâncias radicalmente alteradas e se perguntando: O que significa ter uma mulher como chefe? O que significa a própria esposa ganhar mais do que você? O que significa ser um homem "sensível"?

Essas mudanças oneraram tanto o homem quanto a mulher na arena das relações íntimas. O que é preciso dizer ao parceiro sobre algum problema que se relacione exatamente aos papéis da mulher, em constante mudança? O que você precisa pedir? Do que sente falta?

Para o homem: crie uma identidade mais íntima

O homem sempre se identificou em termos de trabalho. Muito mais do que a mulher, o homem é o que faz. O negócio que administra, o emprego que ocupa e o ofício que exerce é que constroem o seu senso de identidade.

Essa definição pautada no trabalho foi uma bênção tanto para o homem quanto para a mulher. Mostrou ao homem, à mulher que ama e à sua família, sem necessidade de muita elaboração, como ele emprega seu tempo, quais são seus interesses e o que é importante para ele. Para o homem e a mulher também, é um grande alívio que o homem tenha uma identidade claramente definida. Sem muito esforço, o trabalho do homem diz a todos quem ele é. Permite que o homem interaja com os outros com uma certa dose identificável enquanto, ao mesmo tempo, protege-o da vulnerabilidade emocional.

Era assim antigamente – o homem era aquilo que fazia. Mas, agora, o homem e a mulher querem mais. O que mais você gostaria que o seu parceiro soubesse sobre você além da sua profissão? Do que tem orgulho? Compartilhar esse tipo de informação sobre o seu eu mais pessoal é o que cria um sentido de intimidade. Dê um passo para ter mais intimidade hoje.

Para a mulher: abra o seu coração para a dor do homem

A identidade através do trabalho é tão intrínseca à condição masculina que até mesmo a mulher presume que o trabalho dará ao homem o sentido de si mesmo e preencherá seus impulsos criativos. Mas a mulher não costuma ter consciência de que a carreira do homem não necessariamente representa a realização dos sonhos dele. Como a mulher se sentiu derrotada pelos aspectos economicamente aviltantes do que tradicionalmente pontuou o trabalho feminino, ela às vezes presume que a carreira do homem representa a realização de todos os seus sonhos. Mas, para muitos homens, o trabalho foi a frustração das suas esperanças por toda a vida, além de uma violação do espírito.

Muitas mulheres simplesmente nunca consideraram que deixar os sonhos de uma vida de lado poderia representar uma decepção devastadora ao homem. Você já conversou com o homem da sua vida sobre o que ele sonhou ser? Como vocês dois poderiam apoiá-lo na realização dos sonhos? Está disposta a explorar isso junto com ele?

Para a mulher: encoraje a troca emocional

Muitas mulheres estão absolutamente convencidas da natureza insensível do homem. Suas idéias vão desde "ele não conseguiria ter uma vida emocional se tentasse" até "não acredito que ele dê a mínima". Essas noções fazem com que muitas mulheres avaliem todo o comportamento masculino de acordo com estereótipos femininos. Ao invés de interpretar cada homem como indivíduo, sem falar em perceber suas nuanças emocionais particulares (os sentimentos nas entrelinhas, por exemplo), as mulheres freqüentemente menosprezam os homens como incompetentes emocionais, e esse pensamento estereotipado nada mais faz do que exagerar o problema.

Embora as mulheres não manifestem isso explicitamente, costumam agir como quem acredita nisso. Relacionam-se emocionalmente com outras mulheres, acreditando que os homens são imaturos ou incompetentes emocionais. Como as mulheres já conhecem a intensidade emocional que podem vivenciar com outras mulheres, qualquer coisa que não atinja esse nível não fica registrada no pensamento feminino como o que deveria ser uma verdadeira experiência emocional. Como as mulheres sabem que podem ter grandes encontros emocionais com outras mulheres, nem sequer tentam criar com os homens algo que seja metade ou um quarto tão bom.

Mas essa preferência das mulheres pela companhia emocional de outras não ajuda muito nossos relacionamentos íntimos. Com os homens assistindo ao futebol enquanto suas esposas conversam ao telefone, homens e mulheres não se aproximam. Como as mulheres são tão boas ao darem atenção às emoções, sua capacidade emocional continua a se desenvolver, enquanto os homens ficam nos bastidores evitando um vínculo emocional mais profundo.

Como os homens raramente obtêm as respostas positivas que os encorajariam a desenvolver seu comportamento emocional, mostram-se incapazes de se desenvolver emocionalmente. É por isso que as mulheres continuam a ter relações emocionais com outras mulheres, e todos nós acabamos por nos resignar com o fato de que esse tipo rico de troca emocional não pode acontecer entre homens e mulheres.

Enquanto as mulheres acreditarem que os homens são incapazes de expressar seus sentimentos (e, então, não dão chance para os homens praticarem), perpetuarão o frustrante *status quo*, acabando por suprimir a chance de ter trocas emocionais maravilhosas com os homens.

Hoje, pare um momento e pergunte a um homem algo pessoal e ouça, ouça realmente o que ele responder. O que você aprendeu? O que você poderia perguntar e como poderia responder da próxima vez?

Celebre a força da mulher

Muitas mulheres acreditam que, se forem fortes, ficarão sozinhas e que, se puderem dar a si mesmas as coisas que os homens sempre lhes deram – segurança financeira e física, por exemplo – os homens não a quererão. Até pouco tempo, muito do que os homens tinham a oferecer às mulheres eram dinheiro e proteção. Quando o homem não pode oferecer essas coisas, às vezes pode se perguntar o que uma mulher forte poderia desejar ou precisar dele. Então, o medo das mulheres de ficarem sozinhas se forem fortes e auto-suficientes não é apenas uma fantasia paranóica: se a mulher for capaz de prover a si mesma em qualquer área, roubará do homem a oportunidade de vivenciar parte da sua identidade familiar. E isso deixa muitos homens pouco à vontade.

Intuitivamente, homem e mulher sabem disso. É por isso que algumas mulheres têm tanto medo de serem fortes. Também é por isso que alguns homens evitam mulheres que o são. Mas, quando a mulher se torna independente, surge uma ótima oportunidade, pois é precisamente nesse nível em que a mulher pode se responsabilizar por si mesma que o homem será aliviado de alguns fardos e se sentirá livre para encontrar novas formas de expressar seu vínculo. Embora o desempenho de papéis masculinos possa colocar a mulher frente a frente com temores perturbadores, também poderá, paradoxalmente, permitir que recebam a maior recompensa: relacionamentos baseados não apenas na subsistência ou necessidades econômicas, mas em um nível de intercâmbio emocional completamente novo.

Consagre o material

No início dos relacionamentos, sabemos intuitivamente o significado sagrado dos objetos. Os presentes trazidos são brilhantes lembranças de amor; as alianças de casamento são símbolos materiais do compromisso sagrado. Mas é muito comum, com o passar do tempo, que os bens se tornem um fim em si mesmos. Queremos coisas. São importantes para nós. E, ao invés de serem instrumentos que sirvam à causa do amor, os objetos e sua aquisição podem se tornar o foco de um relacionamento.

Não quero dizer que não precisemos de posses, de nossa casa, carro e aparelho de som. Mas uma casa, não importa o quão humilde, também pode ser um lugar que realmente nutra o espírito. Na verdade, você pode decorar sua casa, escolher determinada mobília ou obra de arte, ou selecionar um aparelho de som, além de música para criar o ambiente físico que respalde o seu amor profundo – e não o substitua.

Em vez de querer e ter coisas e mais coisas, pergunte-se que coisas tem e que possa adquirir para realmente ser feliz; que objetos criam um ar de serenidade, inspiração, felicidade para você? Você gosta de ver um vaso de flores sobre a mesa ou prefere a serenidade do vazio?

O seu ambiente é o seu santuário. Faça com que o seja. Nem todos podem comprar as coisas caras que desejam, mas todos nós podemos guardar nossos objetos de forma sagrada. Escolha suas posses com cuidado, insista para que sirvam ao espírito e peça que sejam um reflexo do amor que é o principal foco da sua vida.

Procure um relacionamento espiritual

Ter um relacionamento espiritual é reconhecer com consciência que, acima de tudo, somos seres espirituais e o processo de nosso refinamento espiritual é nosso verdadeiro compromisso nesta vida. Quando se tem um relacionamento espiritual, você opta por incorporar essa verdade no amor. Você muda o contexto e o foco. Ao passo que um relacionamento emocional tem como foco o conteúdo do relacionamento propriamente dito, um relacionamento espiritual enfoca o bem-estar do espírito e a jornada da alma como seus compromissos prioritários. Enquanto o relacionamento romântico opera no tempo, a união espiritual tem o infinito atemporal como contexto. Ao invés de se enquadrar na vida na Terra, sabe que somos muito mais do que parecemos, e alegremente declara como território um cosmo que irradia e cintila, que inclui uma infinidade de anjos e todos os espantosos eventos coincidentes que são os misteriosos instrumentos de Deus.

Quando se ama um ao outro em espírito, juntamente com o amor, desejo, carinho, adoração e proteção ao seu amor, você também será o campeão do bem-estar espiritual da sua amada, garantindo que ela faça as escolhas que propiciarão a evolução da alma. Isso pode significar a criação de um ambiente calmo onde seus espíritos possam florescer, ou coisas – meditar, rezar, jogar fora o televisor – que estimularão a reunião das suas almas.

Ter um relacionamento íntimo que também seja espiritual desafia nosso pensamento ocidental comum, pois, em um relacionamento espiritual, não estamos buscando satisfazer o ego de maneira convencional. Ao contrário, estamos cientes de que somos espíritos e estamos na jornada do espírito.

O relacionamento espiritual é gracioso, fácil, atencioso e terno. Como dispensou o carrossel de preocupações do ego, é capaz de ser generoso e paciente, considerando o parceiro não apenas como alguém que faz isso ou aquilo, mas como uma alma em uma jornada.

Um grande amor espiritual não exclui o lado psicológico e físico – os parceiros sempre se apoiarão nessas searas com cura e atenção – mas, quando se ama no espírito, o seu amor também será um lembrete do contexto infinito, do verdadeiro destino. Lembrar disso dará ao seu amor uma qualidade elevada, cristalina e verdadeiramente luminosa. O seu relacionamento emocional é uma jóia e o seu relacionamento espiritual é a luz que a ilumina.

Viva a sua cura emocional

A vida é uma jornada curativa pela qual passamos de um estado de esquecimento sobre a verdadeira natureza de nosso ser divino a um estado de recordação e iluminação total. A cura emocional é uma transformação radical de feridas emocionais que resulta na revivificação do seu corpo, na nutrição da sua mente e, principalmente, na iluminação da sua alma. Como nossas emoções são a arena na qual costumamos descarrilar no processo, é muito importante buscar nossa cura emocional. Como, na cultura ocidental, fomos tão ensinados a nos perceber como seres emocionais, tendemos a nos concentrar em nossas vicissitudes emocionais; e, enquanto tivermos conflitos não resolvidos no nível emocional, eles impedirão que alcancemos os níveis espirituais mais elevados do amor.

Às vezes parecemos funcionar partindo do princípio de que os outros nasceram perfeitos e é uma ironia cruel do destino que, ao contrário dos outros (que ainda são perfeitos), você ainda tenha alguns nós feiosos para desatar. Não é assim. A verdade é que, na perfeição básica da dádiva da vida, todos nós recebemos certas dificuldades, limitações e problemas como um tipo de tema meditativo para deslindar ao longo da vida.

Não importa o que precise curar (medo paralisante, explosões de ira, abandono em uma ou cem maneiras), isso é material para transformação, oportunidade de iluminação, pois, ao encontrar uma dessas limitações devastadoras, você é convidado a passar por elas e, ao curá-las, a se conectar com um nível mais alto de consciência. Em sua jornada, por exemplo, você pode ser solicitado a expandir seu repertório emocional da passividade à ira, da ira ao perdão, do perdão à compaixão e da compaixão ao amor indivisível.

Como o amor é o nosso principal destino, esta jornada de cura é o verdadeiro trabalho da sua vida. Não importa se você se comprometer com ela tendo ajuda extra da psicoterapia, meditação, tai chi, halterofilismo, Alcoólicos Anônimos, Igreja Batista, vegetarianismo ou um relacionamento íntimo. Qualquer caminho para a cura perseguido com dedicação pode levar você a esse destino – pois não há outro. O que faz a diferença é trilhar a jornada ou não. Se não o fizer, viverá inundado de autopiedade, infinitamente arremessado por seus sentimentos, seus assuntos emocionais inconclusos. Mas, se o fizer, verá que aquilo que começou como dolorosas limitações por fim se torna o seu bem mais radiante; e a sua alma, finalmente liberta dos seus infinitos envolvimentos emocionais, emergirá como o brilhante emissário do seu amor.

Busque a beleza

Beleza é radiação luminosa. Beleza é essência mística, luzente, a face inesquecivelmente amorosa, a dança com belos movimentos que nossa mente não consegue apagar, a música cujas notas se repetem continuamente em nosso coração. A beleza se derrama; a beleza cativa; a beleza inspira e ilumina; a beleza eleva e aviva nossa alma.

A beleza se aplica ao mundo material e etéreo. A beleza aguça nossos sentidos (ela é uma bela mulher), assim como nossa sensibilidade espiritual (foi uma experiência linda) e coordena misticamente esses mundos para nós. Embora a beleza se incorpore em matéria, a apreensão da beleza, seja qual for a forma, é uma experiência de transcendência. É a notável capacidade de a beleza estar ao mesmo tempo imanente e transcendente que faz com que a busquemos, sejamos tocados por ela e reconheçamos que, de alguma maneira inefável, podemos acreditar nela como a medida do que tem valor para nossa alma.

A beleza também nos encanta porque a sua essência é incorporar mais, um nível superior do que quer que estejamos percebendo. Ao estar acima de todo o resto, o objeto belo convida tudo ao que está ao redor a se elevar ao seu nível. Tanto é que um momento belo nos incita a tornar todos os momentos belos, a beleza da palavra escrita para elevar nossa própria linguagem, o som de uma bela música para nos render à bela quietude muda em nosso próprio coração.

Encha a sua vida de beleza. Deixe a sua beleza cintilar. Unja a sua casa de coisas bonitas: objetos, fragrâncias, movimentos, momentos, sons, emoções. O alimento belo é a santificação do corpo. Idéias belas são o banquete da mente. Arte e música bela são o banquete da alma. Devemos buscar a beleza, responder a ela, cultivá-la e nos cercar dela, pois a beleza nesta vida é um reflexo de nossa alma, já que a nossa alma deverá ser para sempre o puro reflexo dela.

Ceda, entregue-se

Quando estiver em dúvida, entregue-se – ceda; renda-se. Quando estiver ansioso, frustrado ou sofrendo; quando estiver confuso, impaciente ou temeroso; quando não souber o que fazer; quando estiver perdendo o controle – entregue-se. Ceda. Desista. Renda-se.

Ceder é render-se emocional e espiritualmente. Significa saltar voluntariamente do barco salva-vidas de preconceitos sobre a realidade e atirar as suas chances ao mar aberto, onde tudo pode acontecer. Significa, mesmo se a sua definição de realidade estiver se dissolvendo diante de seus olhos, renunciar a ela, compreendendo instintivamente que o estado de desistência por si próprio será uma condição criativa.

É difícil ceder e viver em um lugar sem forma e destino. Durante a vida toda, fomos ensinados a agüentar, a sermos senhores do próprio destino, capitães da própria alma. Ceder não é confortável; pode soar como preguiça ou absoluta perda de controle. Não é agressivo nem cheio de segurança. Não é o jeito americano.

Mas ceder, na verdade, é um tipo de ousadia muito elegante. É vulnerabilidade da mais alta ordem, um esvaziamento do ser, de toda interferência e ruído que todos nós temos normalmente – idéias, atitudes, esquemas e planos – e oferecer-se como um vaso vazio a ser preenchido. Nesse vazio há espaço para tanta coisa... Nesse espaço, tudo pode acontecer: transformações de tirar o fôlego, mudanças de rota, milagres que deixarão você perplexo, amor que surge do desconhecido, conversão espiritual... Mas somente se você estiver realmente disposto a ceder: como a árvore que solta as folhas brilhantes para o inverno, o trapezista suspenso no ar entre duas barras, o mergulhador em queda livre do trampolim – todos se soltaram com certeza e sinceridade.

Ceder é estar vivo até a força do nada. É viver em entrega, confiança e na crença de que o vazio, no momento, é a completude perfeita e o começo perfeito. Então, ceda. E lembre-se de que, se você se prender a qualquer fragmento, ou tentar negociar com os deuses ("Vou ceder somente se..."), nada de novo – nem maravilhoso – poderá acontecer.

Respeite o sexo oposto

Certamente é triste e quase parece estranho termos de nos encorajar a respeitar o sexo oposto. Mas, infelizmente, como há décadas somos bombardeados por artigos e livros que destacam as diferenças entre homens e mulheres, agora vivemos em um mundo onde estamos cercados de antagonismo entre os sexos. Para o bem de nossos relacionamentos, realmente devemos optar com consciência por respeitar o sexo oposto.

Respeito significa lembrar o valor, agradar, prezar, celebrar, e não desmerecer as diferenças de um e saborear as bênçãos de outro. Não significa construir muros de diferenças, mas comprazer-se com cada bela e interessante diferença, vendo-a como contraponto e equilíbrio à sua própria singularidade esplêndida e hilária.

Ao respeitar o sexo oposto, você começa a se mover da superfície às profundezas, percebendo que, sob as fantasias comuns do gênero, todos incorporamos uma consciência expansiva similar; que, lá dentro, todos nós carregamos como um grande tesouro emocional a mesma bela extensão de sentimentos. O pesar de um homem pela morte do pai não é menos real do que o pesar de uma mulher pela morte do seu pai. O coração de um homem ficará tocado de forma tão pungente e linda por um pôr-do-sol de tirar o fôlego, pelo farfalhar das folhas dos álamos em Yosemite ou por uma manhã cristalina e morna de outono quanto uma mulher. No âmago, somos todos tocados por nossos pesares e pela magnificência e milagres que nos atingem, não como homem ou mulher, mas como seres humanos.

Saber disso é afrouxar o cansativo foco em nossas diferenças, é penetrar graciosamente no conhecimento de que podemos respeitar uns aos outros sem nos prejudicar ou ludibriar. Hoje, reserve um momento para lembrar de que aquilo que vivemos e sofremos, vivemos e sofremos em comum, e que o verdadeiro amor, o amor da alma, vai além de masculino e feminino, além de gênero como problema.

Seja gracioso, esperançoso e sábio

Graça é a beleza do espírito. Esperança é o otimismo da alma e sabedoria é a inteligência da alma. Todas essas são qualidades de tamanha eloqüência que, só de ouvir as palavras, uma quietude toma conta de nós, como se, de um lugar distante, tivéssemos ouvido mais uma vez os nomes das antigas e elegantes virtudes: graça, esperança e sabedoria.

Graça, esperança e sabedoria são todas qualidades da alma. Referem-se a como o nosso espírito funciona no mundo; evocam um sentido de nosso engajamento mais profundo na realidade e nos falam mais uma vez que, acima, ao redor e através de tudo, uma linda consciência espiritual opera em silêncio. Tanto é que a graça acrescenta uma qualidade de brandura a todos os nossos movimentos, não apenas a forma pela qual nos movimentamos com nosso corpo, mas a forma pela qual nosso espírito reside nele; não apenas a forma pela qual passamos pelo mundo, mas a forma pela qual, em virtude de nossa abertura gentil, permitimos que o mundo passe por nós. Graça é beleza, refinamento do espírito. Nós a sentimos, reconhecemos, somos belamente abrandados e engajados por ela sempre que estamos em sua presença. Ao nos trazer à sua beleza, a graça nos traz à nossa profundidade. Nós a guardamos como a medida do que possamos aspirar com ânsia como grandeza espiritual em nossa vida.

Esperança é promessa. Quando o presente parece insuportável, a esperança permite que vivamos no futuro e lá encontremos repouso. Quando esperamos, somos parte do estado de calma absoluta que já entendeu que tudo o que fizemos e faremos será bonito em algum lugar e momento; que nossa tristeza nos fortalecerá, que até nossas tragédias nos trarão ao nosso interior.

Na sabedoria, sabemos sem aprender; compreendemos sem esforço. Lembramos de que ninguém nunca nos falou, mas podemos oferecer, com graça, facilmente, como a verdade que cura, a observação que esclarece, a intuição que ilumina e transforma com brilhantismo. Sabedoria é a inteligência da alma apresentada, compartilhada – o antigo conhecimento da alma revelado sem consciência – em palavras que soam a verdade que sempre soubemos, mas nunca conseguimos perceber inteiramente antes.

A graça deixa a vida fluida, fluente e boa. A esperança torna a vida cheia de sorte e com belas previsões. E a sabedoria nos permite saber quando confiar na graça e esperança. Graça, sabedoria e esperança não são virtudezinhas brilhantes, mas grandes forças da alma que insistirão com a sua espantosa magnificência para que tudo mais em sua vida cresça ao encontro delas.

Celebre o poder da sua união

É justamente porque o "nós" da união pode desenvolver o "eu" individual de maneira ainda mais bela que entramos nos relacionamentos, acima de tudo. Em algum lugar, intuitivamente, sabemos que o amor fará muito mais por nós do que poderíamos se estivéssemos sozinhos. Então, basta uma pausa para tomar fôlego e "nos apaixonamos", doamo-nos aos encantos de nosso amado e nos rendemos aos mistérios da união.

Aqui, tudo muda. Através de cada nuança de comportamento, seja um beijo, uma conversa, os problemas, ou fazer amor, você é solicitado a tomar conta não apenas do seu amado, mas também do relacionamento. Isso porque, quando você se apaixona, outra entidade espiritual – o "nós" – passa a existir. Embora seja invisível, está viva – vibrante, vívida e única; continuamente presente como uma essência energética discreta e sutil. Você consegue senti-la quando estão juntos sozinhos como o misterioso jogo unificado das energias dos dois.

Essa entidade, assim como os indivíduos envolvidos com ela, deve ser nutrida. Ao respeitar o seu relacionamento, falando com carinho sobre ele, tratando da relação sexual como um elo sagrado, ficando juntos nos momentos de confusão e tristeza – você fortalece o poder da união. Nutre o "nós" como o ser precioso que é, celebra a identidade única e sem igual que tem, e tece novamente a colcha de amor que sempre aquecerá e protegerá a sua união.

Busque profundidade, significado e intimidade

Profundidade, significado e intimidade não são certezas em um relacionamento. Não "caem do céu". Você não os tem apenas porque se apaixonou, vive um relacionamento ou casou. Ao contrário, são qualidades muito elevadas a qualquer relacionamento, qualidades que se referem às partes mais elevadas de nosso ser, nossa dimensão espiritual.

Ao falarmos de profundidade, referimo-nos a algo capaz de nos tocar emocionalmente e nos levar a um grau bem alto. Desejamos a profundidade porque ela nos mostra nossa verdadeira natureza como seres humanos, dimensões que não são parte dos caminhos comuns do cotidiano. Quando encontramos nossa profundidade, entramos em contato com as nossas outras expansões e conseguimos entender repentinamente que a vida é muito maior do que imaginamos. É emocionante confrontar nossa própria profundidade, mas é ainda mais emocionante quando vivenciamos a profundidade no relacionamento. Ao se sentir profundamente conectado à pessoa que ama, ele(a) terá se unido a você na qualidade da experiência que permite ver que a vida é mais do que a comida do jantar ou a maneira de pagar as contas. A profundidade dá à vida em comum uma qualidade e riqueza que simplesmente não existem sem ela.

O significado tem a ver com o sentido das coisas; particularmente, como as coisas são importantes para nós. O seu aniversário é importante, por exemplo, porque lembra a você o milagre da própria vida. Faz você se sentir precioso. Similarmente, quando vivenciamos o significado em um relacionamento, logo compreendemos que a vida tem qualidades e valores muito maiores do que imaginamos. Isso nos conforta; dá uma sensação de tranqüilidade. Em vez de sentir como se estivéssemos presos em um universo aleatório onde qualquer coisa pode acontecer e não podemos contar com nada, repentinamente entendemos que a vida é ordenada e linda, que é, na verdade, belamente projetada; podemos acomodar os cuidados e preocupações no belo cesto que o significado nos dá.

Intimidade é aquele sentimento especial de proximidade que constitui o ponto principal do que queremos de nosso relacionamento. É o sentimento de estar muito conectado a alguém e é o que nos faz sentir não apenas felizes por estarmos vivos, mas por estarmos vivos na companhia de quem amamos. Em vez de estarmos em uma jornada longa, esforçada e curiosa sozinhos, reconhecemos que temos companhia e que nossos fardos, assim como grandes alegrias, podem ser compartilhados. Intimidade é compartilhar todas as nossas experiências de vida, sejam elas profundas e importantes ou casuais e cotidianas. Quanto mais se tem essa troca, mais conectado você se sente a quem ama.

Profundidade, significado e intimidade são qualidades que refletem nossa alma, a parte de cada um de nós que é eterna e preciosa além das palavras. Então, ao buscarmos introduzi-las em nosso relacionamento, estamos procurando algo que funcione em nível espiritual e nos dê a grande satisfação de reconhecer que somos espíritos e seres humanos mortais. Visto desse ângulo, o relacionamento é a dádiva de toda uma vida, algo a ser sempre considerado um tesouro.

Espero que encontre e nutra a profundidade, a intimidade e o significado em seu próprio amor verdadeiro.

Reconheça o objetivo mais elevado de um relacionamento

Todos nós estamos no belo (e continuamente expansivo) processo de nosso próprio desenvolvimento. Não somos soldados de lata nem quebra-nozes; somos seres vivos que constituem uma consciência flexível, mutante e fluida formada e reformada à medida que vivemos nossa vida através dos indivíduos e circunstâncias que encontramos.

É por isso que todos os seus relacionamentos, não importa a duração, têm um propósito. É o processo de transformação da evolução de duas almas e cura psicológica mútua. Quando você se conscientiza desse objetivo profundo, torna-se capaz de reconhecer o amor certo para você e também de receber seus benefícios.

A verdade é que, ao chamar o amor à sua vida, você não está apenas pedindo alguém que atenda às suas exigências de relacionamento. Você também está pedindo um alinhamento com o objetivo mais elevado da sua vida.

Isso porque, esteja você consciente ou não, a sua vida tem seu próprio objetivo único e a pessoa que se unir a você no amor estará entrando em sua vida para ajudar a atender a esse objetivo. Seja o papel dele(a) grande ou pequeno em relação à sua jornada de vida, se ele(a) se uniu a você para trazer alegria ou frustrações que refinam e acabam definindo você, essa pessoa está chegando para ajudar a esclarecer e preencher seu destino. O mesmo se aplica a você em relação a ele(a). Você entrou na vida dessa pessoa para fazer o mesmo.

O que você acredita que seja o objetivo da sua própria vida? Como um parceiro amoroso poderia ajudar a alcançá-lo? Como fazer a consciência dessa mudança ser o que você busca em um relacionamento?

Lembre-se de que o amor é um paradoxo

O verdadeiro amor é paradoxal: tudo o que se diz a respeito dele é e não é verdadeiro ao mesmo tempo. Isso se aplica à natureza do amor propriamente dito – que é elevada e mundana; que nos leva a alegrias sem limite, mas também tem limitações; que atende às nossas demandas de sermos amados, porém pode desafiar e ignorar totalmente nossas exigências específicas.

A maneira pela qual esse paradoxo se expressa no mundo real é que, se você insistir em algo sobre o amor, nunca o terá – ou terá. Se insistir que ele venha em determinado momento, venha em determinada embalagem, dure determinado tempo, comporte-se de determinada maneira, desafie você exatamente de todas as maneiras que gostaria, você nunca o terá – ou, por outro lado, terá exatamente o que pediu.

Nunca se sabe. É o paradoxo do amor. Como disseram a uma querida amiga minha, que estava devastada após o fim do casamento de catorze anos: "Bem, talvez agora você encontre o homem dos seus sonhos e viva feliz para sempre ou talvez fique triste para o resto de sua vida". Neste caso, espantosamente, ela encontrou o homem perfeito seis meses depois, mas é claro que não havia garantias para isso.

Os paradoxos embutidos no amor revelam a grande verdade de que o amor é sempre um presente. Você pode desejá-lo, pedi-lo, rezar por ele, fazer feitiços e entoar cânticos para atraí-lo e até acreditar que ele vai chegar. Mas, definitivamente, apenas quando você se permite flutuar no grande mar da vida e desistir de todo o controle, o amor finalmente aparece. Pode chegar somente quando você o deseja ou muito depois de ter desistido a ponto de nem ter certeza se o quer mais. Nunca se sabe.

Como um presente de Natal, pode ser exatamente o que esperava encontrar sob a árvore – ou algo que nunca imaginou ou sonhou. O paradoxo é que, se realmente for amor, você ficará radiante ao recebê-lo.

Não importa como ou quando o amor chega, o que espanta é que, ao chegar, assume o controle. Você não pode fazer nada, a não ser pular de alegria, sacudir os braços e gritar: "Estou apaixonado! Você acredita? Finalmente encontrei o amor da minha vida!"

Lembre-se da sua conexão sentimental

Desde tempos imemoriais, homens e mulheres se amam – com desespero, loucura, doçura, paixão desenfreada e perigosa, com a compaixão de seus ternos corações, até o fundo da alma. O amor não conhece fronteiras. Não há país, província ou povo que o tenha julgado irrelevante; e, quando você se apaixona, une-se a amantes de todos os tempos na vivência de um dos maiores temas da vida.

O que você sente ao se apaixonar é universal. Ainda que o seu amor possa parecer comum ou simples, para o seu coração e alma é um grande amor. Como Davi e Betsabá, Antônio e Cleópatra, Romeu e Julieta, Abelardo e Heloísa, o seu amor também é uma experiência de assombro e desejo arrebatador que levará você aos momentos mais trágicos e belos da vida. Através do amor, você se torna parte de uma tradição sagrada, da grande linhagem de todos aqueles que juraram fidelidade eterna e escolheram viver e morrer por amor.

Precisamos de amor.

Buscamos o amor porque, em todas as células do nosso corpo, sabemos que o amor é a única coisa sem a qual não podemos viver. É por isso que, não importa o que mais possamos fazer ou buscar na vida, o amor é sempre o maior objetivo, nosso alcance mais distante, nossa procura mais apaixonada. Lembrando disso, espero que você o busque, encontre e nutra para que ele sempre o inspire com suas maiores dádivas.

Conheçam-se como as estações do ano

A jornada do amor é uma jornada de muitas descobertas doces. Em um novo amor, é a doce bênção de descobrir todos os segredinhos do seu amado, a flor e o perfume favoritos dela, a cor que aviva seus olhos; o pijama de flanela xadrez dele, o jeito que ele amarra as botas, o pincel velho de barbear, o cheiro da pele dela, a textura do cabelo dela, a gaveta onde ela guarda a *lingerie*.

Depois, é o “estar juntos” do amor – o som da chave quando ele abre a porta de casa, dos pingos do chuveiro todas as manhãs enquanto ela lava o cabelo cantando. Como ela se mexe ao dormir, como ele dorme, como um santo, com as mãos sobre o peito. O que ele sabe consertar, o que ela sabe coser.

É a mudança, isso e aquilo. Discutir. Palavrões, ira e amor no meio; fazer amor, dar as mãos. E os filhos, vê-los dormir e serem carregados, à noite, nos braços dele; como ele é tão carinhoso, como ela é tranqüila, tão firme com eles.

É ver os anos passarem. Outono, primavera, inverno e verão. Tão vagarosamente, abrindo-se e fechando-se de maneira bela e contínua. E o que fazemos todos os anos, tantas coisas. E tão poucas. Cada dia, e as refeições, o trabalho, a conversa. Cada dia uma cidadezinha com um mapa e a viagem que fizemos nela. E as caminhadas e a luz, e as mudanças da luz. E como viajamos. E como demos os presentes. No Natal. Nos aniversários. E todas as palavras. Os cartões. As coisas que dissemos. As coisas que sussurramos. Amo você. Boa-noite. Adoro você. Você é a pessoa da minha vida.

Tenha consciência especial do seu amado

Quando você ama alguém com a alma, tem uma consciência muito especial de tal pessoa. No fundo de seu ser, você concordou em saber, ver, detectar e sentir por essa pessoa com um tipo sutil de atenção que leva em conta a verdade do seu ser continuamente.

A atenção que podemos ter uns com os outros vai desde reservar um lugar tranqüilo em seu coração para que o seu amado vivencie a sua cura emocional até saber que a pessoa a quem ama precisa de dinheiro, tempo ou espaço, ainda que ela não tenha consciência disso e não possa pedir diretamente. Às vezes, nossa percepção refinada assume a forma de "acaso" no momento de crise. Em outras ocasiões, pode significar ter a consciência de que o amado tem problemas de saúde, peso, imagem ou determinada característica física, e ser sensível e dar apoio ao problema. Você pode ter consciência do(a) seu (sua) amado(a) reconhecendo que ele(a) tem um medo profundo do abandono, o qual você pode abordar sendo reconfortante, generoso(a) e firme, de forma realista, em suas expressões de amor. Se o(a) seu(sua) parceiro(a) tiver sido abusado(a) sexualmente, você pode encorajá-lo(a) conscientemente a proteger-se ou buscar sua cura emocional.

Às vezes, temos essa sapiência especial de forma consciente; em outras vezes, ela é secreta até mesmo para nós, um ato brilhante de intuição que parece acontecer. O homem que traz flores "sem nenhum motivo" e acaba descobrindo que há alguns minutos a esposa recebera a notícia da morte repentina da mãe inconscientemente "sentiu" a dor dela e respondeu antes mesmo que ela pudesse expressá-la. Similarmente, a mulher que "não sabe por quê", mas aparece no escritório do marido levando o almoço e acaba descobrindo que, naquela manhã, o maior negócio do ano ruiu também está agindo por uma intuição da qual nem ela tem consciência.

Em vez de esperar que seu amado verbalize conscientemente tudo de que precise, tente entrar em alguns momentos e reconhecer o que não foi dito, tratando-o com gentileza e cuidado intuitivos. Pratique a sua consciência especial, porque esse tipo de previsão intuitiva é uma das dádivas de amor mais preciosas.

Enfrente as suas negações

Negação – esquecer ativamente, não admitir ou não se deixar saber, ver, enfrentar ou reconhecer uma verdade difícil sobre si mesmo – é uma postura psicológica que a maioria de nós emprega de um jeito ou de outro. A negação serve a funções emocionais e até espirituais, e sempre é um muro ao redor da dor. A negação nos protege do sofrimento, abandono, exemplos ruins e falhas no amor que sempre são difíceis de enfrentar de cabeça erguida. Mas a negação é uma solução incompleta e temporária; e suas conseqüências a longo prazo podem ser muito piores do que enfrentar a dor que a criou, em primeiro lugar.

Quando praticada com consistência, a negação representa um compromisso espiritual, uma incapacidade que ameaça limitar nosso crescimento em todos os níveis. Ela isola atributos e comportamentos nossos que, enquanto forem negados, serão capazes de constringir e até destruir nossa vida. Assim, negando o alcoolismo, ela corre o risco de bater com o carro, ser presa, perder o marido, emprego, filhos, condição social, alma e até a vida, enquanto persistir com a negação; e a pessoa que se recusa a encarar o vício em cartões de crédito corre riscos similares. Por causa da sua natureza – um desconhecer inconsciente, mas profundamente intencionado – é difícil ver suas próprias negações. Isso requer coragem e abertura de espírito, que permitirão enfrentar seus próprios aspectos negativos. Se o seu parceiro atual, uma ex-namorada, cinco amigos, seis estranhos e alguns inimigos sugerirem que você tem problemas com álcool, que é um manipulador passivo-agressivo, que a maneira pela qual você lida com a raiva passou dos limites, é melhor reunir coragem e olhar de perto (com ajuda profissional se for preciso) a verdade que pode estar por trás dessas acusações (e que são realmente difíceis de ouvir).

É doloroso ver o que se esconde atrás da cortina de nossas próprias negações. Há tanto a enfrentar – feridas antigas, o medo de não ter força para continuar. Na verdade, enfrentar suas negações demanda coragem precisamente porque mais pode parecer um assalto ao seu ego e auto-estima frágeis do que um passo em direção ao próprio desenvolvimento.

Mas esses obstáculos são parte do processo. O ego e até mesmo a auto-estima, se ocuparem uma posição muito elevada ou se nós nos apegarmos a eles, podem ser fortalezas de negação em si mesmos. Nós nos envolvemos tanto em protegê-los como imagem que esquecemos a pessoa real por trás deles. A verdade é que não há nada tão bom quanto você mesmo – você, do jeito que é, com os sentimentos que já teve muito medo de sentir, com as falhas charmosamente suas, com a tristeza e mágoa que consegue suportar.

Então, tome coragem e enfrente suas negações, pois atrás delas esconde-se o seu espírito radiante, um eu pleno, novo e consciente apenas esperando para encarar a verdade e finalmente nascer.

Abra-se à energia do êxtase

A vida é fôlego, movimento. Enquanto você for capaz de se mexer, fará parte da vida e a energia da vida fará parte de você. Nesse estado, todo passo que você dê, toda palavra que profira, todo pensamento que passe pelo mágico circuito eletrônico do seu cérebro, todo gesto que manifeste são expressões de sua vivacidade, um sinal de que você é um mortal, um ser humano vivo.

Às vezes, ao dar ênfase excessiva à comunicação verbal, esquecemos de que também somos corpos e que, como seres físicos, também temos uma linguagem única e poderosa. Em nosso corpo, "sentimos" e sabemos de coisas até mesmo antes de começar a articulá-las. Através do corpo, partilhamos nosso amor de forma imediata e instintiva que transmite uma profundidade de sentimentos além das palavras.

A linguagem do corpo é essa energia, o pulso invisível e cheio de êxtase que é a essência da própria vida. Costumamos pensar em nossa vida somente como forma – os corpos onde habitamos – e não como força vital ou energia que flui por eles. Ao fazer isso, deixamos de sentir a própria vida e, nos relacionamentos, de sermos nutridos por aquele misterioso objeto espiritual que é a "energia" de outra pessoa. Porém, é exatamente a "energia" – de uma cidade, uma pessoa, uma canção ou uma troca emocional – que na verdade nos move em profundidade. Nada revela isso com mais clareza do que um corpo doente que está perdendo a sua essência energética; e nada demonstra a presença da energia com mais força do que as crianças.

Em nossos relacionamentos íntimos, quando deixamos de prestar atenção à forma material – nossa aparência, nossas roupas, se estamos em forma – e entramos nos domínios energéticos, penetramos na arena mística onde vivenciamos o amor como expressão dessa energia. Em vez de senti-lo somente como emoção, também o sentimos como um pulso invisível, o palpitar que enche o coração, o calafrio luminoso que diz ao nosso corpo que realmente "sentimos" o nosso amor.

Mudar o foco da substância à energia e buscar a pessoa cuja energia, para você, é cheia de êxtase, é expandir imediatamente o seu repertório de amor. Ao fazê-lo, você não apenas será capaz de falar sobre o amor que sente, mas de "senti-lo" como presença latejante, brilhante e cheia de êxtase em seu corpo. Então, abra o seu coração – e todas as células do seu corpo – à luminosa sabedoria capaz de mudar sua vida, que é a energia arrebatadora da sua alma.

Descubra o sexo como uma união sagrada

A nossa sexualidade é um dos aspectos mais adoráveis, complexos e satisfatórios de nossos relacionamentos íntimos. É onde nos reunimos na carne para nos vincular, conectar e unir. Pode nos trazer alegria ou decepção. Pode ser a fonte de nossas traições mais dolorosas ou os mais elevados momentos de nosso amor cheio de êxtase.

Assim como a união de nossos corpos no encontro sexual nos lembra de que somos corpos, seres essencialmente físicos, o orgasmo, aquele momento de êxtase florescente, nos conecta à essência espiritual dentro de nós. No todo, o ato de fazer amor é o movimento da corrente mística e elétrica que testemunha com eloqüência o fato de não sermos apenas seres físicos, mas templos onde o espírito reside.

Captar o ato de fazer amor dessa forma é ir em direção ao sagrado em seu relacionamento sexual. É querer mais dele, dar mais a ele, receber mais, muito mais do que se espera dos artigos das revistas populares que "ensinam" como melhorar a sua vida sexual. Embora colunas de aconselhamento prático e manuais eróticos de fato possam resolver alguns dos seus problemas sexuais mecânicos, eles deixarão você na porta de entrada do sexo como um ginásio, um romance ou demonstração de poder, causando apenas uma emoção sensorial. Assim, você perde a oportunidade magnífica de vivenciar os seus encontros sexuais como uma união espiritual da mais alta ordem.

Ao fazer amor, não são apenas os corpos que estão felizes e deliciosamente juntos; mas, por causa do magnetismo irresistível que é a atração sexual, também somos convidados a contemplar na mente e experimentar no corpo o espírito que vive e se move em nós.

Com o sexo, penetramos no momento atemporal e sem fronteiras. Tiramos da experiência única todas as outras na vida, o que nos permite a bênção da verdadeira união. Aqui, o ego e todas as suas preocupações são apagados, e o eu é dissolvido em absoluta entrega. Conhecer, sentir e descobrir isso na presença de outro ser humano, como somos convidados ao fazer amor, é ser levado a um dos maiores mistérios da existência humana – que somos espíritos incorporados e, como seres humanos, participamos desse milagre.

Proteja a sua alma

A jornada da alma não é só de alegrias, e nem sempre se consuma na luz, porque na vida sempre fazemos escolhas em todos os momentos do que deve ser o destino de nossa alma. Assim como na dança podemos nos mover em uma direção – para frente ou para os lados, voar sendo belamente alçado ou arquear-se em direção ao chão – também na vida escolhemos uma direção, o caminho que a nossa alma percorrerá.

Se um homem mata a esposa e usa as brechas da lei para não ser condenado, ele não apenas se livrou de um assassinato, mas perdeu sua alma. Poderá ser solto, retomar as circunstâncias usuais da sua vida, mas nunca será livre; será um homem sem alma cuja própria existência é a incorporação da mentira. Não importa quantas pessoas ele possa falsamente convencer da sua inocência, sob a luz da verdade ele ainda estará condenado; e se tentar de maneira insana convencer-se da própria inocência, a sua alma certamente lhe será tomada pela escuridão.

Não existe momento nem ação neutros em nossas experiências. Tudo o que fazemos, todas as ações que executamos, todas as nuanças de movimento, cada palavra que proferimos criam maior iluminação à nossa alma ou nos levam a uma direção que, em um momento de inconsciência sombria, nossas almas podem ficar absolutamente comprometidas.

O potencial para a perda da alma – de um jeito ou de outro – é a aflição de uma sociedade que coletivamente perdeu seu senso de totalidade, de uma cultura que valoriza tudo menos o espírito. Vivemos em uma cultura e época espiritualmente empobrecidas. A perda da alma, de alguma forma, é uma possibilidade constantemente tentadora. Em todo lugar, somos chamados a escapar da verdade, ceder aos desejos, agir como se nossas palavras e ações não tivessem conseqüências importantes, absolutizar o mundo material e tratar o mundo espiritual como se fosse um tipo de fantasia superficial e angelical. Em um mundo assim, a alma luta para sobreviver; em um mundo assim, o homem pode perder a própria alma e ter o apoio de toda a cultura e, em um mundo assim, ao contrário, a luz de uma única e grande alma que viva com integridade realmente pode iluminar tudo.

Santifique o seu relacionamento

Esteja ou não claramente visível, todos os relacionamentos têm um objetivo mais elevado, um significado que ultrapassa as convenções do amor e romance. Esse objetivo nos molda como indivíduos e muda, ainda que de forma sutil, a natureza essencial da realidade na qual entramos ao nascer.

Ao saber disso, você reconhecerá que aquilo que acontecer entre vocês – tanto os dramas corriqueiros quanto as tragédias transformadoras – é parte de um plano maior, que está polindo você para a sua participação única na experiência humana. Você também aceitará que o seu amado entrou na sua vida por um motivo que vai além das satisfações do momento ou até do seu futuro pessoal para chegar à teia do tempo além do tempo.

O que vocês fazem juntos aqui, se fazem bem ou com beleza, tem implicações não apenas para a época em que vocês sentarão confortavelmente juntos nas cadeiras de balanço durante a velhice, mas também para todos os outros seres vivos, porque somos todos participantes do processo de criação de uma espécie e de um mundo que sussurra paz e é informado pelo amor. Esse é o nosso maior objetivo e, ao santificar nosso relacionamento, as dificuldades que ele contém diminuirão instantaneamente e, em seu lugar, estará a impressionante presença do amor verdadeiro.

Reconhecer que o seu relacionamento tem um objetivo significa vê-lo não como um ato de auto-indulgência, mas como uma oferta de amor que, juntos, vocês estão dando ao mundo.

Consagre o seu relacionamento

Rituais pessoais fornecem uma referência não apenas pelo valor que atribuímos ao que consagramos, mas também pelo valor que desejamos ver atribuído a eles. Consagramos nossos relacionamentos quando os apartamos do comum através de rituais.

Quando eu era criança, meu pai sempre rezava antes do jantar em meu aniversário: "Com a gratidão e o amor que você foi dada como parte de nosso coração e nossa família, celebramos o seu aniversário, linda criança, espírito deleitável. Que você tenha um ano cheio de alegria e que os seus prodigiosos talentos, como flechas, deixem sua verdadeira marca em uma vida longa neste mundo".

Diante dessas palavras consagradoras, a minha vida tornou-se muito mais do que simplesmente a vida que vivia. Transformou-se em um lugar sagrado, com qualidades e possibilidades. Tornou-se um privilégio e uma responsabilidade. Não importavam os momentos difíceis, não importavam as dificuldades que enfrentava, o ritual dessas palavras consagradas era uma linda referência que me indicava o objetivo mais elevado.

Os relacionamentos também podem ser consagrados assim, sacralizados por rituais e cerimônias que, em sua capacidade mística, têm o poder de diferenciá-los. As cerimônias dizem, de fato, que este dia não é igual a todos os outros, esta pessoa não é como todas as outras; este amor não é como todos os outros.

Embora você possa julgar a consagração como algo que somente pode acontecer em uma igreja, a verdade é que todos nós somos capazes de santificar nossos relacionamentos. A consagração do seu relacionamento é um assunto criativo e profundamente particular. Reserve um tempo especial para agradecer a sua união – seu aniversário de casamento ou união, talvez. Designe um lugar específico para reverenciá-lo; e crie sua própria cerimônia. Acenda velas, diga palavras, toque música.

A consagração do seu relacionamento é o sinal de que você o vê de forma sagrada e que pretende, através dele e com seu amado como testemunha, sempre vivenciá-lo da maneira mais elevada possível.

Curve-se ante o mistério do amor

Um relacionamento – duas pessoas unidas para viver, trabalhar, brincar, rir, lamentar, exultar, fazer amor – é a forma que os seres humanos dão ao amor, mas o amor em si, aquela essência inefável que nos reúne em comunicação mútua, está além de definições, além de análise. O amor tem seu jeito próprio. O amor tão-somente é.

O amor é mistério, a essência do que é angelical. Em sua própria natureza, ultrapassa o que podemos entender por qualquer um dos sistemas pelos quais geralmente compreendemos a realidade. Existe simultaneamente fora e dentro de nós. Nos compromete e liberta. Abre e fere nosso coração. Não pode ser visto, exceto nos olhos de quem amamos, nem sentido, exceto no coração de quem é apreciado. Invisível, sua ausência nos deixa desanimados, de espírito ferido, enquanto a sua presença transforma nosso coração, nossa psique e vida.

Buscamos o amor sem saber o que é, sabendo que teremos consciência ao encontrá-lo. Esse é o verdadeiro mistério do amor – não importa o quanto somos incapazes de descrevê-lo, sempre o reconhecemos ao vivenciá-lo.

Ao nos curvar ao mistério do amor, reconhecemos que o amor está além de nossa compreensão, que nunca o entenderemos completamente. O amor que buscamos nos busca, nos abraça sem sabermos e ata nosso espírito em seu corpo. Existe um ponto em que, diante do amor, nada mais há a dizer ou provar, nada a perguntar ou lamentar, nada exceto o milagre do próprio amor.

EDITORA VOZES

CULTURA

REVISTAS

PRODUTOS SAZONAIS